RADIO

TELEVISION

FILM

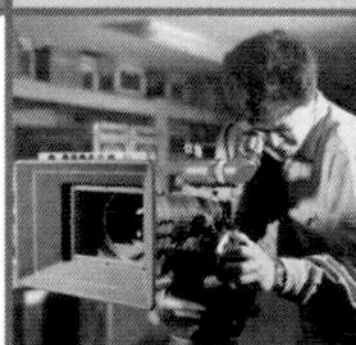

科技、產業與文化

當代廣電研究

世新大學廣播電視電影學系・編
Department of Radio, Television and Film. Shih Hsin University

序

這十年來個人大概參加了不下一百場的座談會，這一百場下來，有感我們的話題依然在中間繞，因為當代傳播的討論離不開一種改變的過程，永遠需要我們給予理性的判斷和感性的關注。正因如此，世新大學傳播學院近期舉辦了系列「媒體匯流與創新管理」為大主題的研討會，從學術界與產業界的熱烈參與回應程度，明顯的看到眾人對「媒體匯流與創新管理」的議題抱持著高度的關注，原因無非是大家都希望能夠真正把匯流時代以及數位化的議題做一些明確方向的討論。至於能把這些具有前瞻性的文章結集、把關心當代廣電研究的心血結晶收錄成書以饗讀者，把可貴的研究資源傳承給後續的研究者，基於此一理由，個人對此書的問世、所有作者和精心編制此書的廣電系同仁表達致高的謝意！

本書共收錄 13 篇論文，討論主題涵蓋了當代廣電研究中最重要的三大議題：科技、產業與文化，為讀者開啟思考、探索和理解「當代廣電」這樣一個相當日常性的對象開始，並從理論、歷史和實踐面向去呈現上述的談論。各論文的討論中也一再印證廣播電視的內容不斷的在新的舞台上演，因此在優游自在、諸法皆空的時代下如何創新管理是持續值得研究的一大方向。若能更務實的運用互動技術，甚至更簡單的讓交易行為變得有意義，才是我們在談論匯流不能偏離的主要核心議題。

鑒於在匯流時代下，廣電領域的日新月異，無論是科技的快速發展、觀念的啟迪、媒體數量激增等現象，不斷的吸引著學界持續觀察與研究，本專書之出版無論對於廣電媒體的經營者、從業人員、以及傳播教育的師生都有其傳遞新觀念及新知識的重要性，對長期研究當代廣電發展的學術人員，更具有提供獨到見解作為研究基礎的意義，因此個人極為肯定本專書的學術價值。

再一次感謝本書作者群！台灣整個傳媒的演變與整個世界環境的改變，還有許多值得大家持續投注心力進行研究的議題，希望未來能樂見更多的研究產出。個人也希望國內外關心當代廣電事業發展與研究的人士，對於本專書的內容與編排等事務能不吝賜教，督導本學院在未來的傳播研究有更實質的貢獻。

陳清河

世新大學新聞傳播學院院長

序

世新是台灣首創廣電科和電影科的學府之一，有超過半個世紀的悠久歷史，自民國 86 年世新改制成大學之後本系更名為廣播電視電影學系，教育目標著重理論與實務並重。民國 98 年本系與世新大學傳播學院合辦了「媒體匯流與創新管理：新科技發展下，音像、文化與族群的越界與想像」研討會，此次研討會不但在規模上超越以往，也加入了創作論述的發表，而其主題發想是為了回應當代廣電產業在新科技變遷下，所面臨的嶄新挑戰。是以，本系在研討會結束之後，成立了論文專書編審小組，開始著手論文專書的編審事宜。

「當代廣電研究：科技、產業與文化」一書依專書編審會議審查結果，最後共收錄了 13 篇文章，領域涵括了廣電產業趨勢與數位新科技、媒體與傳播效果、性別族群與多元文化等三個面向。

在數位新科技變遷的衝擊之下，近年來廣電產業從內容、產製流程、政策、載具，到閱聽人研究、傳播效果等，都呈現了急劇變遷的情況；而伴隨之的全球化、多元化、多樣化、社群化，也使得媒體與文化、社群的相關議題更受矚目，因之，當代廣電研究必須能夠面對和回應數位匯流的新發展與新挑戰。

本書在「廣電產業趨勢與數位新科技」面向上，收錄了黃惠英、鄭彙翰兩位作者的文章，兩文著墨和重點不同，但這兩篇文章共同反映的是數位科技與多媒體新聞學的發展趨勢下，研究人員對於科技、媒體、記者角色和新聞產製可以有的各種新的探析面向。

在「媒體與傳播效果」此主題上，本書共收錄了邱慧仙、李佳玲、盧俊穎、蔡美瑛與馬耀祖、黃雅琴與洪賢智、蔡美瑛與李玉婷、蔡念中與陳美靜等多位作者的文章。眾作者所論及之媒體載具包含了廣播、電視、網路等，其所呈現出來的，除了強調從閱聽人的角度來看廣電媒體暨新媒體傳播效果之外，也涵括了在數位化趨勢下，管理層面如何結合閱聽人導向的思考，來因應產業相關議題。

最後，在「性別、族群與多元文化」主題上，本書收錄了張明傑、蔡珮、莊幃婷、陳明珠等四位作者的文章，這四篇文章則展現了廣電媒體在全球化、社群化暨多元文化發展下的多向度思考和研究空間。

本系以及筆者對於能夠成功舉辦「媒體匯流與創新管理：新科技發展下，音像、文化與族群的越界與想像」論文與創作論述研討會，並且在經過審核和編輯之後，得以讓本書付梓，感到無比欣慰與感動。在此，筆者謹代表世新大學廣播電視電影學系感謝本書的眾作者們，以及協助本系舉辦研討會、編審本專書的各個單位和個人。而筆者也視本書的編纂完成和付梓，為本人擔任世新大學廣播電視電影學系系主任期間，最重要也最重視的成果之一！

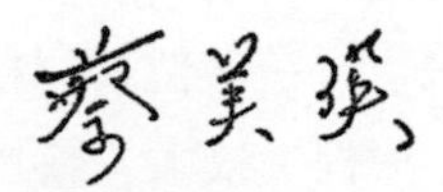

世新大學廣播電視電影學系系主任

目　次

性別、族群與多元文化

廣電產業趨勢與數位新科技

科技賦權與認同協商
——地方記者的數位空間敘事

世新大學新聞系副教授　黃惠英

壹、導言

數位空間雖非完全自由的生命空間，但對於在媒體組織中長期遭漠視的地方新聞而言，部落格賦權地方記者，將分散各地的同業與閱聽眾聚集在一起，開展新的對話平台。記者的部落格內容由許多新聞事件、職場體驗、和日常生活所組成，將這些故事組合起來不僅可以瞭解科技參與如何影響新聞守門，更可以探索記者的身份認定及其意義協商過程，亦得以窺見地方記者所處的媒體文化和生活世界。

敘事由說者與聽者共同建構故事，多方互動、分享學習。記者的部落格連結體制內外，共構延伸故事的內涵與旨趣，是敘事研究的核心範疇。但過去研究鮮少關懷地方記者的邊緣化現象，地方記者透過科技賦權的敘事互動與認同探索也不多見。本研究以地方記者部落格裡有關新聞產製與權力衝突相關的自述與回應作為研究對象，從部落格做為敘事互動與詮釋實踐的觀點來探究地方記者如何掌握地方新聞詮釋權，如何分享共通經驗以定位自己並涵化團體文化規範。

從媒體所披露的報導並無法得知基層新聞工作者和媒體組織間的解碼矛盾與意義協商（Liebes, 2000）。地方記者的部落格記錄職場生涯，更引發新聞價值與記者定位的討論，加深閱聽眾對新聞要素、編採系統、及媒體文化的理解。敘事分析部落格文本可以揭露新聞產製流程的多重勢力運作機制與組織霸權，反映記者的職場生命歷程。本研究的另一焦點在於記者的個人部落格如何連結集體經驗，尤其當記者面對挑戰與挫折之際，如何透過部落格來尋找答案，如何詮釋和適應組織變遷。

記者參與部落格而產生的經驗分享與理解是以互動的方式相連結，探索這些鑲嵌在社會互動裡的故事有助瞭解持續進行的認同協商與建構。地方新聞式微，在部落格敘事文本裡，職場生涯的合作、競爭、同化、與適應交錯出現，隱身其後的是記者社群與媒體組織的社會結構與權力運作。部落格既是自我記錄的活動，也是向外發聲的過程（陳憶寧，2008），在部落格雙向或多向互動的過程中，本研究嘗試探索地方記者如何利用網路科技詮釋新聞、理解經驗、抵抗權威、與建構認同。

貳、文獻探討

一、科技賦權

賦權（empowerment）指涉自尊及自重，權力、控制、和自主感，讓個人或集體近用資源，在面對長久存在的問題時，能發表觀點、採取行動、改進現況（Miley & DuBois, 1999）。Hamelink（1995）認為，人們需要知識與資訊以利決策，需要表達意見、對話、分享經驗，以擴權增能。賦權亦強調自我治理與自我決定，藉由社會力量或抵抗社會力量以達成自我或集體的目標（Brey, 2008）。

科技使用連結賦權理念，新科技的資訊內容與傳播特質是科技賦權討論的重點（Siddiquee & Kagan, 2006）。科技連結人際網絡，拓展知識與視野，知識理解與批判有助挑戰現存社會角色框架並建構新意義（Krause, 2002）。近用科技參與集體討論，既強化自主與自尊，亦增加社會影響力（Corbett & Keller, 2004）。

不同類型的科技賦權不同的參與者，電腦網路中介的傳播方式結合生活與專業、聊天與辯論，讓使用者有能力有權力自我掌控影響或型塑生活的議題與決策。個人的經驗與知識在互動網路裡轉化為彼此的資源（Madget & O'Connor, 2006），資訊交換的質與量愈豐富，愈有助決策與管理自己的生活，並擴大公共參與空間（Pain et al., 2005）。

二、資訊科技與記者部落格

新科技帶來更多個人化的表述機會，使用者可以選擇自己感興趣或有經驗的議題進行分享，展現自己的風格，讓別人聽見自己的聲音，掌控自己的科技使用與學習過程。科技將分散的專家聚集在一起；分享自己所知所為，也瞭解別人的所知所為；既挖掘自己的能量，也近用多重觀點和集體智慧（Wang, 2006）。

部落格自問世以來頗受各年齡層歡迎（Herring, 2004），記者的科技實踐創造多元的部落格樣貌與意義（邱承君，2006）。部落格原以心情記錄為主，強調參與、透明、和個人意見（Lasica, 2003），涵蓋連結與互動（Oblak, 2005）。有關英國衛報的記者部落格研究顯示，相對於傳統新聞，部落格裡的新聞討論是人際關係的連結和另類權威的展現（Matheson, 2004）。Koch（1991）

也認為，部落格讓新聞工作者擁有重新定義新聞與討論新聞的機會。

分享親身體驗是部落格實踐的重要元素（Carroll, 2004），記者以第一人稱說故事，彰顯個人風格與獨特見解。相較於傳統新聞的呈現方式，部落格賦予記者充分展現個人主義與直覺（Harrison, 2000）。部落格未必具革命力量，但新聞工作者的科技實踐指涉新聞產製與媒體文化面臨挑戰（Deuze, 2003）。

三、科技近用與敘事

記者部落格雖無法完全擺脫體制影響，但科技賦權亦常從建制組織內開始，涵蓋科技選擇、如何使用、以及所發揮的影響力（Parmentier & Huyer, 2008）。記者挪用部落格說故事，描繪新聞與非新聞，彰顯個人實踐的獨特經驗（Himmer, 2004）。

敘事是講述發生在人或其他生物身上的事（Berger, 1997）；敘事由故事與論述所組成，故事是敘事的主要內容，論述是說故事的方式。故事解釋曾經發生或經驗過的事件，具時空背景與邏輯順序（臧國仁 & 蔡琰，1999）。敘事是賦權的重要資源，透過科技參與的敘事，賦予個人新資訊與新理解。個人經驗串連社群敘事，提昇集體意識，建構認同。因此，敘事與問題解決機制的構連非僅個人性，更具社會意涵（Rappaport, 2000）。

敘事的主要功能在於詮釋和適應生活的世界（Obilade, 2002）。敘事有一個主要的發言者，敘事者負責組織內容（Spreckels, 2008），預先準備好故事，不同於一句接一句的聊天（Quasthoff, 2001）。故事講述生命，是確認經驗和回應情勢的方法，也是理解世界和分享意義的策略（Berger, 1997）。因此，敘事可作為理解人類行為或歷史事件並進行經驗性研究的模式之一（Bruner, 1986）。

從互動論觀點而言，敘事可創造社會真實，不僅讓我們理解自己與他人的行動，並型塑我們的認同。人類利用故事組織自己的經驗、引導他人瞭解，並建構共同認知（Bird, 2007）。

四、敘事與認同協商

（一）敘事與認同

認同是一種敘事建構，敘事讓我們理解自己的經驗並與社會互動（Browning, 1991）。以組織而言，透過故事互動，成員分享工作經驗，協商角色平衡（Bird, 2007）。在團體脈絡中，故事分享降低個人的孤獨感，並獲得同情與同理心對待。經過他人聆聽或驗證的自我表達既肯定敘事者，也鼓勵敘事者從不同視角省思自己的觀點（Paulus, 2007）。在互動過程裡，敘事者和參與者協商認同，重新型塑自我（Obilade, 2002）。

說故事是理解彼此的工具，個人、社會、或集體的認同與敘事有關（Benhabib, 1999）。對於理解工作經驗與建立信任，故事敘述扮演重要角色（Bird, 2007）。敘事既生產共享的文化理解，亦強化個人的正向價值（Paulus, 2007），但意義協商亦受限於現存的敘事傳統與團體規範（Gergen & Gergen, 1988）。

個人經驗是集體敘事的基礎，相對於個人獨白，擁有共通經驗的對話讓集體故事顯露獨特之處。認同與對話有關（Benhabib, 1999）；故事互動帶來新資訊，賦予個人反思機會並型塑認同。認同是個人經驗與社會詮釋的互相交流（Wenger, 1999），是意義的持續協商過程（Bird, 2007）。面對競爭、階層化的組織文化，故事創造合作與支持的伙伴關係與實踐社群（Acker, 1990）。

（二）網路敘事與認同協商

網路科技創造經驗互動平台，個人故事不斷延伸擴展（Paulus et al., 2007）。敘事者與回應者在雙向或多向互動過程中，逐漸超越個人經驗自述的初始目標；既有機會去說故事，也從自己與別人的故事中獲得啟發，更創造屬於集體的故事（Coulter et al., 2007）。敘事所型塑的社會認同是個人認同發展過程不可或缺的一部分（Riessman, 1993）。

過去經驗的共通性串連網路使用者，在線上延展或重新框架彼此的故事，互相為對方創造新意涵（Paulus, 2007），可能轉化個人或社群的恐懼（Rappaport, 2000）。Bruner（1986）認為，意義和真實來自於建構，協商是建構新意義的藝術。網路提供一個非傳統的公共領域，透過媒介近用與對話讓差異觀點擁有共存、協商、或重生的機會（Jovchelovitch, 2001）。

對話挑戰自我和他人，包括分享和質疑知識、經驗、假設、以及行動等（Forneris & Peden-McAlpine, 2007）。平日經驗的敘事與對話披露個人的思考方向，聆聽別人的觀點有助於敘事者的脈絡化批判性思考（Diekelmann et al., 2003）。當工作環境充滿不確定性，整併、裁員、或減薪傳言不斷，網路敘事協助使用者面對不確定性與憂慮，面對角色衝突與階層關係，既提供情感支持也帶來實質建議（Edwards & Rothbard, 2000）。Auer（2007）認為，對話有益於批判性思考與實踐，藉由對敘事脈絡與對話的深入瞭解，方能透視認同。

認同形成是一個複雜的協商和再協商過程（Darling-Wolf, 2004）。協商的產生來自於受結構限制的場域裡的不同社會行動者的利益衝突（Peterson, 2001），是為了妥協差異所做的意見交換（Saunders & Perrigo, 1998）。網路被視為是協商力量的來源，故事扮演重要角色，提供建構與再建構個人認同的通道（Gergen, 1991）。

敘事與認同的連結在於共通性與獨特性（Rappaport, 2000），敘事透露個人故事，連結共通經驗，強化個人價值與彼此信賴。透過媒介近用和對話參與，賦權與認同獲得社會或集體的元素（Siddiquee & Kagan, 2006）。換言之，數位科技參與培育個人能動性，轉化個人故事為集體討論。當科技強調個人化之際，循環式與對話式的參與過程開創團體能動性（Siddiquee & Kagan, 2006）。

個人對自我與他人的認知在互動中形成，Gumperz and Cook-Gumperz （1982）強調，互動與認同，兩者交互影響。因此，認同的形成是相互依賴和相互主觀（Spreckels, 2008），故事逐步開展和累積的資料庫有助於團體習癖的養成與認同的建構（Wenger, 1998）。

五、研究問題

資訊科技創造新聞展演與討論平台，本研究嘗試以地方記者部落格為研究對象，探討以下問題：

(一) 部落格如何再現地方新聞產製的解碼衝突？地方記者如何在部落格中挑戰權威？部落格如何再現地方記者與組織間的關係建構？

(二) 部落格如何再現地方記者的專業網絡？個人敘事如何連結集體經驗以理解和回應媒體現況？

(三) 地方記者在部落格裡如何述說自己的新聞專業？如何協商認同地方記者的角色定位？

參、研究方法

一、敘事分析

本研究採用敘事分析進行地方記者部落格文本的探究。敘事是理解歷史事件、人類行為、或進行經驗性研究的模式（Bruner, 1986），敘事呈現特定社會群體沒有被聽見的聲音，常被用來瞭解有關敘事者的身份認同、生活風格、或文化歷史，也適用於生命週期中的特定階段之探索(Lieblich et al., 1998)。Bickman & Rog(1998)認為，敘事研究方法是探討真實生活問題的真實世界評量工具。

生命或生活敘事具有主體性，人類從生活經驗中擷取故事與建構身份認定，敘事與認同密切相關（Lieblich et al., 1998）。敘事分析適宜處理並反省作者權威與再現的課題（Lincoln & Densin, 2003），透過敘事分析得以瞭解敘事者的觀點建構與賦權過程（Obilade, 2006）。本研究嘗試利用敘事分析探索記者部落格裡的新聞故事如何被敘說、共鳴、修正、或批判，以理解地方記者的認同協商過程，以及地方記者所處的媒體文化與社會世界之樣貌。

二、地方記者部落格

本研究的主要研究對象是地方記者的部落格。部落格所具有的日記與互動特質，使其成為一個公私兼具的傳播運作場域。記者部落格一方面記錄個人親身經驗，連結記者社群網絡，和新聞媒體整合在一起，另一方面也建構與其他社會體系溝通的通道，與閱聽眾互動，延展其社會影響。

一般而言，新聞媒體的國內記者分為中央（全國）新聞記者與地方記者。主跑中央或全國性新聞的記者以新聞屬性分路線，例如司法記者、醫藥記者、或藝文記者等。地方記者則以地理區域劃分職務範疇，例如桃園或台中地方記者。以報紙為例，地方記者之報導大多刊登在地方版（Neveu, 2002），地方議題要登上全國版並不容易。以電視而言，地方新聞大多偏屬社會壞新聞。

相對於全國性新聞，地方新聞常被視為花絮（Crawley, 2007）。對新聞工作人員而言，從地方被派調至全國路線是重要性與地位的提升（戴定國，2005）。因此，不少地方記者期待採寫全國性新聞，而非侷限地方路線（Larsson, 2002）。地方記者的邊緣化現象可見一般。

三、樣本選擇與研究過程

首先，本研究利用關鍵字「地方記者」搜尋地方記者的部落格，涵蓋電視與報紙媒體的地方記者。再藉由地方記者部落格裡的連結，進一步搜尋其他地方記者的網頁。接著，本研究逐篇閱讀地方記者部落格文章，選擇有關地方新聞產製、職場經驗、以及記者角色等特定層面的故事作為敘事分析對象。

本研究的分析文本來自 10 位地方記者的部落格，時間起自 2006 年 3 月至 2009 年 6 月。因研究樣本內容涉及組織權力批判，記者與回應者皆以 A、B、C 等符號替代。

肆、結果與分析

本研究的目的在於敘事分析地方記者的部落格，主要關注資訊科技如何賦權記者再現新聞解碼衝突與角色定位協商。

一、解碼衝突與權威抵抗

地方記者在部落格裡詮釋地方新聞，批判新聞迷思與組織權威。透過描述自己親身採寫的地方事件，比較新聞與非新聞。科技賦予記者演練新聞定義、選擇、詮釋、與批判權，重構地方新聞視野。新聞作品遭修改或留置或不被採用的故事已非個人獨特經驗，在部落格裡，這是一個關於記者團體的、共享經驗的敘事，開展個人與集體互動之地方新聞論述，隱身其後的是記者與編輯間的新聞定義衝突。當記者提到長官「不識貨」，卻「炒冷飯」時，同業紛紛響應：

> 記　者A：這則獨家……，長官一副不在乎的模樣，好好一則獨家，就變成漏新聞的毒家。週二……，長官竟然要補新聞，真的是圈圈加叉叉，就差沒有罵出三字經。(2008/1/9)
>
> 回應者P：……獨家感覺上就是一個壓力的泉源。要是遇到自己的心血被長官不屑一顧時，更不是鬱卒一個詞可以形容的。(2008/1/9)
>
> 回應者Q：反正辛苦付諸流水也就算了，有時還被唸說這有什麼？……，被檢討永遠都是地方記者……。(2008/1/23)

地方記者近用資訊科技，在部落格裡表達觀點，展現新聞論述的主體性，抵抗權威。記者依據自己對事件與情勢的理解來述說新聞，彰顯地方實踐的獨特經驗，尤其反映自己對獨家新聞的判斷與努力，挑戰主流新聞產製規範。透過地方故事構連基層記者與管理階層間的定義衝突與權力落差，科技平台結合記者的數位能力轉化個人經驗為社會對話的路徑，部落格裡的新聞經驗創造媒體體制內的反思機制。記者 B 談及 TVBS 地方特派員事件，引來大串迴響，集體批判媒體權力關係：

記　者 B：T 台一則新聞，引起掀然大波，就這一會工夫，記者成了人人喊打？記者跑到好新聞，長官領導有功？記者漏新聞比長官多，所以死不完？……，真的還是有很多有理想且循規蹈矩的記者，每一條新聞，都是流著汗跑出來的，我應該也算一個。(2007/3/30)

回應者 D：T 台事件，同業聊起，都感嘆，記者是耗材。我看不是，記者連耗材都不如，彷彿就是，擦屁股用的衛生紙，擦完即丟……（2007/4/2）

回應者 C：官場文化如夢一場，榮耀歸長官，所有過錯歸自己。記者是人，但長官是神……。(2007/4/4)

回應者 E：（轉貼同業文章)忝為張裕坤同業，也在同樣位置上，執行同樣任務的特派員，見其為了公司拼鬥卻落得如此過街老鼠般之下場……。其實，這只是電視台特派員的冰山一角……（2007/4/5）

在媒體文化理解與地方敘事思維中，部落格敘事再現衝突性職場，反抗結構性壓迫。除了抵抗權威，過去經驗的共通性讓各地記者得以在彼此的部落格裡對話，編輯、框架彼此所採寫的新聞，展現差異觀點與集體能動性，互相為對方創造新理解方向。科技近用賦予記者新平台去說、去解構、去重塑地方新聞樣貌，擴大公共參與空間。記者 B 公開呈現自己的原作與被長官「檢討過」的成品，回應者各有觀瞻：

記　者B：最近被公開檢討了，說新聞沒抓到重點……。這篇是我的原文，被長官改過的我放在下面那一篇，……只是拜託一下，看完一定要在下一篇給汝父留言，不必給我面子，你說，你會比較喜歡看那一個新聞角度。(2007/5/21)

回應者R：很直接，有點煽情，不過讀者應該會被你吸引想繼續看下去。長官的版本比較適合聯經報系，你的像是賣水果喔。我同意樓下那位所言，其實重點該在……。(2007/5/25)

回應者S：因為你主管希望你寫一些更暴動的訊息啦，你都知道很多記者都是希望多點而編了一些不是事實的情結。(2007/6/7)

回應者T：你忍不住在寫小說罷……。(2007/6/13)

新聞對話挑戰記者和媒體組織，包括分享和質疑新聞價值、事件觀點、和表現技術。地方記者透過部落格講述親身採訪經驗並展現成品，論辯新聞，挑戰權威，反映記者與組織間的關係建構。新聞故事的部落格對話是科技賦權記者的重要資源與形式，差異觀點提供新聞守門的批判性思考與實踐參考。

二、專業社群的關懷對話

新科技強化網絡連結，個人敘事串起來自不同媒體、資歷各異的地方記者的回應。記者在部落格說故事、也在尋找答案，同業幫忙理解混亂情勢。故事提供能量分享，透過連鎖反應強化地方記者的專業網絡與社會系統，創造關懷與支持的伙伴關係。記者F談及職場適應不良，同業相挺：

記　者F：我以為我的適應力很好，……，不怕重新開始，不怕全新的環境，……，我以為是游刃有餘的，還是極度格格不入……。(2008/11/1)

回應者O：忍耐加油的絕不只你一個人，你不是一個人，一起加油！（2008/11/1）

當傳統媒體經濟衰退，部落格互動鼓勵記者面對不確定性，在混亂與憂慮中支持彼此。網路實踐雖不是解除壓力與低士氣的萬靈丹，但敘事是驅逐威脅與減輕憂慮的方法之一。部落格再現憂患意識，引出同業的彼此認肯、同理心、和團結。記者A、E、與I在部落格裡直陳職場壓力：

記　者A：眼前報導別人失業，自己也活在減薪、裁員的壓力中。……怕沒新聞、怕漏新聞、怕沒獨家新聞，這是我每天的三怕，還是那句話，怕失業。(2009/2/28)

回應者L：還有什麼難得倒你。不要想太多……。(2009/4/24)

記　者E：這年頭，各家媒體廝殺激烈，爆料投訴天天上演，眼中只見獨家不見其他。(2006/3/29)

回應者M：地方記者最真實，不做作，我知道！所以在此向您以及敬業的好友致敬！別客氣，因為在下也當過。(2006/3/29)

記　者I：十個月來，送走了六名同仁，輪轉之快，使得自己差點無法解脫離愁……。(2007/3/12)

回應者V：媒體是個迷人的行業，無奈只是近黃昏，我也剛離開……（2007/3/12）

面對工作壓力，個人故事創造支持的伙伴關係與實踐社群，地方記者受到社群的關懷與保護。同業伙伴互挺，資深記者協助新人適應環境、建立信賴（Bird, 2007）。個人經驗連結集體資源，從社群獲取資訊並可能形成判斷，抒解權力壓迫。部落格連結過去經驗與未來期許，整合來自回應者的差異經驗，對未來的潛在發展提供路線參考。記者D和B擔憂前途，回應者提供策略與勉勵：

> 記　者D：記者每天到底都在搞什麼……。（2006/6/26）
>
> 回應者U：離開這行都廿年啦！還是一群堅毅執著的老鳥在帶領初出茅廬的菜鳥打拼搏鬥；要記得衝鋒陷陣之餘也要多留意充實一下自己的第二、第三、第四專長喔！留些退路才不會徒生遺憾哪。（2006/7/6）
>
> 記　者B：……沒想到，還是人算不如長官算，又要捲鋪蓋走人，還回鍋到苗栗縣，一直安慰自己天下沒有不散的宴席……（2008/5/21）
>
> 回應者M：……把全台灣繞一圈，為自己寫下傲人紀錄，唯一跑遍台灣全島的記者，誰人嘎你比！（2008/5/27）

相對於個人獨白，共通經驗的對話讓地方記者的部落格顯露獨特之處；既是個人化的新聞實踐，又是媒體文化的共同體悟。共通經驗的動態交互作用是記者部落格敘事的核心，共同為彼此過去的經驗進行解讀、創造意義、並提供建議。

三、角色定位的認同協商

當地方記者在部落格裡揭露職場危機，同業也挖掘自己的歷史與故事，部落格成為集體記憶與認同的路徑。地方記者的專業知識與實務經驗固然影響地方新聞品質，但國內媒體長期透過台北總部主導地方新聞運作，地方記者在部落格中一再呼喊「地方記者不是記者，只有台北記者才是記者」。因而地方記者的認同問題並非在於「我是誰」，而是「相對於中央或全國路線的記者，我是誰」。

地方記者透過分類地方與中央記者，以理解自己的媒體位置，以表達和協商認同。地方記者驕傲自己的專業，但感嘆無法與台北的記者平起平坐。記者 A 與 G 將記者進行社會分類與對比：

記　者 A：很多同業、前輩曾經說過，都市的才是記者，每天穿的整齊、亮麗，每天都跟高官見面，鄉下活像是業務員……。地方中心都被公司高層視為「童養媳」……。(2007/8/6)

記　者 G：地方記者經常要上火線當壞人，台北的記者最爽了，他們永遠是好人，而我們卻永遠是壞人，真是差別待遇。(2008/12/16)

地方記者述說自己在媒體階層組織中的社會位置，透露深切的無力感。但另一方面，地方記者維護自己的專業可信度，認同地方新聞價值，自認努力與成果皆無異於中央記者或台北記者。在新聞產製權力角力過程中，地方記者協商專業能力與自我認同。記者 A 與 F 自傲與自嘲，回應者共鳴與鼓勵：

記　者 A：我幹記者十年，我深深地以身為地方記者為榮，我們雖然沒有認識高官、顯要，但我們最貼近人民的聲音，我們雖沒有總編輯等人的青睞眼光，但我們是刻苦耐勞的人，遇到偏僻山區發生災難，我們總是第一時間開著車往災區衝……(2007/8/6)

回應者A：別說採訪中心和地方記者啦，即便平平是台北市的記者，各方面待遇也是高出其他地方記者一截啊……，想想自己也是人生父母養的，怎麼就差這麼多啊！（2007/8/7）

記　者F：……「又有誰立志跑地方？」久了，只能自嘲，只能不斷調整心態，忍耐是為了下個目標，或者阿Q地去放大小小的快樂。採訪過程是快樂的。（2008//3/14）

回應者B：只在乎有沒有拍到想要拍的內容，不在乎用不用或如何用。（2008/3/14）

地方記者為了新聞能見度努力不懈，對自己的專業既正向又愛恨交織；地方新聞包羅萬象，顯示地方記者採寫能力強，卻又唯恐名不見經傳，飯碗不保。部落格敘事顯露地方記者的成功者與失意者雙重認同；雖以自己的地方報導能力為榮，卻不得志。換言之，地方記者是「十項全能」的新聞圈存活者，卻也是媒體階層文化的受害者。

主流媒介漠視地方新聞，地方記者倍感無奈；但地方新聞包羅萬象，地理範圍廣闊，非常人所能勝任。將地方報導對比於全國性新聞，地方記者掙扎自己的定位；透過共同經驗的分享，調整失落者位置。當記者感嘆報導無法獲得高層青睞之際，其他記者根據個人經驗與外在環境給予正向鼓勵。記者A、B和F的部落格再現個人期望與集體意見的交融：

記　者A：……真正的地方記者是十項全能的，能幹的了地方記者，你也不用擔心你不能到台北跑新聞，有膽量的人才能當的了地方記者。（2007/8/6）

回應者W：地方記者的十項全能披露出來，加油……！（2007/8/6）

回應者X：好好寫，不要讓我看扁你！（2007/8/6）

記　者B：很多報界長輩、同業一開口就說，幹嘛這麼拚？看到有危險就該躲開，犯不著為了新聞這麼賣命……，但只要是一個真正的記者，都會知道自己的使命感與職場榮譽在那裡……。(2007/9/25）

回應者F：雖然跟你不熟，但同樣幹記者，可以感受你的無助與無奈……（20070927）

記　者F：想攻全國……（2008/3/26）

回應者G：加油！長官的肯定與你未來的發展不見得成正比，自己快樂生活才是真正擁有。(2008/3/26）

地方記者在部落格裡掙扎、協商、和建構自我意象與角色認同;逐步開展和累積的集體故事有助於自我經驗的理解以及社群認同（Wenger, 1998）。部落格互動生產共享的文化意義，協商自我定位，強化個人的正向價值（Paulus, 2007)。除了同業伙伴的關懷對話，來自總部長官的新聞指令雖常令地方記者忙亂不堪，但值得注意的是，長官的讚許是地方記者認同的重要資源。當長官讚美傳來，記者回應：「有您這句話，比什麼都好」(記者B，2007/5/23)；當長官鼓勵擴大報導，記者回應:「一種被重視及肯定的感覺」(記者F，2008/2/11）。

認同是個人經驗與社會詮釋的互相交流（Wenger, 1999），是意義的持續協商過程（Bird, 2007）。地方記者的角色認同透過新聞成品討論、權威抵抗、身份分類、同業共勉、長官讚許、與組織獎懲等互動機制的循環協商。地方記者既與管理階層相對立，也與權威妥協，更期盼上司嘉許；既以自己的努力為榮，又難免失落。地方記者的身份認同在得意與失意雙重角色間協商、拔河。

伍、結論與建議

部落格是地方記者的心情日記，是同業共享感覺與協商的過程，也是媒體文化批判。透過部落格敘事分析，本研究探尋地方記者在「中央——地方」系統尋找自身位置時所面臨的掙扎，凸顯媒體組織體制無法滿足地方記者的認同需求而渴望有所變革。透過部落格參與的賦權與認同既具個人性，也含有社會或集體意涵。

科技賦予地方記者討論新聞、對抗權威的新平台，記者的部落格敘事再現衝突性職場，表達與媒體管理階層相對立或殊異的觀點。部落格亦是連結集體經驗的工具，將分散全國的地方記者聚集在一起，共同詮釋與面對環境威脅。部落格串起專業社群關懷，個人故事與集體經驗交織延展，科技提供突破時空的角色意義協商。在部落格的新聞故事裡，記者探索自己的媒體位置，挖掘集體的能量。

科技發展讓地方記者進入網路世界與各地同業及閱聽眾對話，重構地方新聞視野，啟發守門人的批判性思考。在結構壓迫與權力運作過程中，地方記者對自己的專業角色既正向又愛恨交織，部落格敘事協商過程浮現成功者與失意者雙重認同。在強調地方新聞使命之際，地方記者難以抹除階層落差的失落感。

地方記者的認同協商起因於受結構限制的利益與角色衝突，部落格的新聞脈絡與敘事對話提供反思機制。敘事化的部落格情境充滿學習與挑戰的可見性與可能性，是記者社群與閱聽眾所擁有的新資源。遺憾的是，多數記者的部落格座落在建制媒體組織內，敘事互動的內容與方式雖可能跳過編輯部把關，但仍難完全排除結構性壓力。

部落格是自我抒發、集體療傷、與反叛權威的基地，但科技並非媒體改革的萬靈丹。本研究僅針對地方記者部落格文本進行敘事分析，應進一步探索記者主觀的參與過程與個人能動性在社群裡的展現，訪談記者有助深入瞭解圈內人的內在觀點。此外，新科技增強各媒體地方記者的發聲平台，本研究侷限地方記者圈，應整合不同路線的新聞工作者以深入瞭解媒體組織的網路民主動能。

參考書目

邱承君(2006)，〈網誌、網誌活動與網誌世界：在理論與實踐間遞迴往覆〉，《資訊社會研究》，取自 http://society.nhu.edu.tw/jccic/10/fu/10-02.pdf。

陳憶寧（2008），〈「我」即是生產者：健康部落客寫些什麼以及為什麼寫〉。中華傳播學會年會。台北：淡江大學。

臧國仁 & 蔡琰（1999），〈新聞敘事結構：再現故事的理論分析〉，《新聞學研究》，第 58 期，頁 1-28。

戴定國（2005），《新聞編輯與標題寫作》。台北：五南出版社。

Acker, J. (1990). Hierarchies, jobs, and bodies: A theory of gendered organizations.

Gender & Society, *4*, 139-158.。

Auer, P. (2007). *Style and social identities: Alternative approaches to linguistic heterogeneity*. Berlin: Walter de Gruyter.

Benhabib, S. (1999). Sexual difference and collective identities: The new global constellation. *Journal of Women in Culture and Society*, *24*, 335-361.

Berger, A. A. (1997). Narratives in Popular Culture, Media, and Everyday Life. Thousand Oaks, CA: Sage.

Bickman, L. & Rog, D. J. (1998). Handbook of Applied Social Research Methods. Thousand Oaks, CA: Sage.

Bird, S. (2007). Sensemaking and identity: The interconnection of storytelling and networking in a women's group of a large corporation. *Journal of Business Communication*, 44(4), 311-339.

Bois, S. J. (1996). *The art of awareness: A handbook on epistemics and general semantics.* Santa Monica: Continuum Press and Productions.

Browning, L. D. (1991). Organizational narratives and organizational structure. *Journal of Organizational Change Management*, *4*, 59-67.

Brey, P. (2008). The technological construction of social power. *Social Epistemology*, 22(1), 71-95.

Bruner, J. (1986). *Actual Minds, Possible Worlds*. Cambridge, MA: Harvard University Press.

Carroll, B. (2004). "Culture clash: Journalism and the communal ethos of the blogosphere," *Into the Blogosphere*, from http://blog.lib.umn.edu/blogosphere/culture_clash_journalism_and_the_communal_ethos_of_the_blogosphere.html.

Corbett, J. M. & Keller, C. P. (2004). Empowerment and participatory geographic information and multimedia systems: Observations from two communities in Indonesia. *Information Technologies and International Development*, 2(2), 25-44.

Coulter, C. et al. (2007). Storytelling as pedagogy: An unexpected outcome of narrative inquiry. *Curriculum Inquiry,* 37(2), 103-122.

Crawley, C. E. (2007) "Localized debates of agricultural biotechnology in community newspapers: A quantitative content analysis of media frames and sources," *Science Communication*, 28(3):314-346.

Darling-Wolf, F. (2004). Women and new men: Negotiating masculinity in the Japanese media. *The Communication Review*, 7, 285-303.

Deuze, M. (2003). The web and its journalisms: Considering the consequences of different types of news media online. *News Media and Society*, 5(2), 203-230.

Diekelmann, N. et al. (2003). Teaching practitioners of care: new pedagogies for the health professions. In N. Diekelmann & P. Ironsides (Eds.), *Educating the Caregivers: Interpretive Pedagogies for the Health Professions* (pp. 3-21). Madison, WI: University of Wisconsin Press.

Edwards, J. R. & Rothbard, N. P. (2000). Mechanisms linking work and family:

Clarifying the relationship between work and family constructs. *Academy of Management Review*, *25*, 178-199.

Forneris1, S. & Peden-McAlpine, C. (2007). Evaluation of a reflective learning intervention to improve critical thinking in novice nurses. *Journal of Advanced Nursing* 57(4), 410-421.

Gergen, K. J. (1991). *The Saturated Self: Dilemmas of Identity in Contemporary Life*. New York: Basic Books.

Gumperz, J. & Cook-Gumperz, J. (1982). Introduction: Language and the communication of social identity. In J. Gumperz (Eds.), *Language and Social Identity* (pp. 1-21). Cambridge, UK: Cambridge University Press.

Hamelink, J. (1995). *World Communication: Disempowerment and Self-Empowerment.* London: Zed Book.

Harrison, J. (2000). *Terrestrial TV News in Britain: the Culture of Production*. Manchester: Manchester University Press.

Herring, S. C. (2004). "Slouching towards the ordinary: Current trends in computer-mediated communication," *New Media & Society*, 6(1): 26-36.

Himmer, S. (2004). The labyrinth unbound: Weblogs as literature, *Into the Blogosphere,* from http://blog.lib.umn.edu/blogosphere/labyrinth_unbound.html.

Jovchelovitch, S. (2001). Social representations, public life, and social construction. In K. Deaux & G. Philogene (Eds.), Representations of the Social. Oxford: Blackwell Publishers Ltd.

Koch, T. (1991) .*Journalism for the 21st Century: Online Information, Electronic Databases, and the News*. New York: Greenwood Press.

Krause, A. (2002). Social representations of psychological problems: Contents and transformation. *Social Science Information*, 41, 603-623.

Larsson, L. (2002). Journalists and politicians: A relationship requiring maneuvering space. *Journalism Studies*, 3(1), 21-33.

Lasica, J. D. (2003) "Blogs and Journalism Need Each Other," *Nieman Reports* , 57(3): 70–74.

Liebes, T. (2000). Inside a news item: A dispute over framing. *Political Communication*, 17: 295-305.

Lieblich, A. et al. (1998). *Narrative research: Reading, analysis and interpretation.* Thousand Oaks, CA: Sage.

Madget, C. & O'Connor, H. (2006). Parenting gone wired: Empowerment of new mothers on the internet? *Social & Cultural Geography*, 7(2), 199-220.

Matheson, D. (2004). Weblogs and the Epistemology of the News: Some Trends in Online Journalism, *New Media & Society,* 6(4): 443-468.

Miley, K. & DuBois, B. (1999). Empowerment process for social work practices. In W. Shea & L. Wells (Eds.), *Empowerment practice in Social Work: Developing Richer Conceptual Foundations* (pp. 2-13). Toronto: Canadian Scholars' Press.

Mitra, A. (2005). Creating immigrant identities in cybernetic space: Examples from a non-resident Indian website. *Media, Culture & Society*, 27, 371-390.

Neveu, E. (2002). The local press and farmers' protests in Brittany: Proximity and distance in the local newspaper coverage of a social movement. *Journalism Studies*, 3(1), 53-67.

Obilade, T. (2002). Oppositional codes in students' narratives about new information

technologies. *The Howard Journal of Communications*, 13, 191-206.

Oblak, T. (2005). "The lack of interactivity and hypertextuality in online media," *The International Journal of Communication Studies*, 67(1): 87-106.

Pain, R. et al. (2005). 'So long as I take my mobile': Mobile phones, urban life and geographies of young people's safety. *International Journal of Urban and Regional Research*, 29(4), 814-830.

Parmentier, M. J. & Huyer, S. (2008). Female empowerment and development in Latin America: Use versus production of information and communications technology. *Information and Communication Technology*, 4(3), 13-20.

Paulus, T. et al. (2007). Determined women at work: Group construction of narrative meaning. *Narrative Inquiry* 17(2), 299-328.

Peterson, M. A. (2001). Getting to the story: Unwriteable discourse and interpretitve practice in American. *Anthropological Quarterly*, 74(4), 201-211.

Quasthoff, U. (2001). Erzahlen als interaktive Gesprachsstruktur. In K. Brinker, G. Antos, W. Heinemann & S. Sager (Eds.), *Text—Linguistics of Text and Conversation* (pp. 1293-1309). New York: Walter de Gruyter.

Rappaport, J. (2000). Community narratives: Tales of terror and joy. *American Journal of Community Psychology*, 28, 1-24.

Riessman, C. K. (1993). *Narrative research*. Newbury Park, CA: Sage Publications.

Saunders, M. D. & Perrigo, A. (1998). Negotiation as a model for teaching public relations professionalism. *Journalism and Mass Communication Educator*, winter, 57-65.

Siddiquee, A. & Kagan, C. (2006). The Internet, empowerment, and identity: An exploration of participation by refugee women in a community internet project (CIP) in the United Kingdom. *Journal of Community & Applied Social Psychology*, 16, 189-206.

Spreckels, J. (2008). Identity negotiation in small stories among German adolescent girls. *Narrative Inquiry,* 18(2), 393-413.

Stroobants, V. (2005). Stories about learning in narrative biographical research. *International Journal of Qualitative Studies in Education*, *18*(1), 47-61.

Wang, Y. (2006). Technology projects as a vehicle to empower students. E*ducational Media International*, 43(4), 315-330.

Wenger, E. (1998). Communities of practice: Learning as a social system. *The Systems Thinker*, from http://www.co-i-l.com/coil/knowledgegarden/cop/lss.shtml.

以 Plurk 為例探究 Web 2.0 網路輔助新聞記者採訪

台灣大學新聞研究所碩士班研究生　鄭彙翰

壹、前言

張寶芳、羅文輝、鄧麗萍（2006）的研究比較新聞從業人員在1994 年與 2004 年的電腦使用行為，到了 2004 年，新聞人員在工作時需要使用電腦網路查詢新聞相關資料及使用資料庫的比例已分別達 92.5%與 83.5%。這些發現顯示，網路幾乎已經成為所有新聞人員不可或缺的重要工具之一。

除了傳統報業已經用電腦網路進行發稿、編輯等電腦化作業外，研究者觀察到傳統媒體的網路部門工作者或是網路原生媒體的新聞記者，甚至是一般平面媒體新聞記者，依賴網路的情形遠超乎想像。但過去新聞記者使用線上資料的相關研究僅停留在 Web 1.0 網路服務的單向查詢資料，而更強調互動、即時特性的 Web 2.0 網路是否對於新聞工作者的採訪工作有更多影響？對新聞報導採訪工作的影響與和 Web 1.0 網路有何不同？

研究者就曾經在新聞現場，目睹某平面記者因為從 Plurk 上看到另一媒體記者發噗浪寫 Google 將要推出新的小筆電作業系統 Google Chrome 的網路消息來源後，改採此項新聞線索，進而改變當天新聞採訪主題，這一切的發生，都從 Web 2.0 網路服務開始。

谷玲玲（2002）認為，對於網路社群而言，人際關係是延續的關鍵，而社交的動機使人願意投入時間與精力去維繫人際關係。研究者認為過去研究重點大多放在新聞記者使用電腦線上資料庫檢索，但在 Web 2.0 時代，強調即時、互動的網路新科技使得新聞記者有著不同的使用模式以及人際關係。在新聞記者需要與消息來源互動、培養關係的同時，Web 2.0 網路是否會成為新聞記者一項新利器？

研究者先前的研究已針對新聞記者使用 Web 2.0 網路服務之一的噗浪（Plurk）進行問卷調查，在 33 位有使用 Plurk 的新聞記者中，36.36%的新聞記者會與採訪對象交換 Plurk，而更高達 78.78%會與媒體同業交換 Plurk。高達 63.63%的填答者表示曾經因為 Plurk 獲得資訊。也有 57.57%的表示有人會透過 Plurk 告知新聞消息。也有 63.63%的填答者表示會直接上 Plurk 找新聞消息來源、45.45%的填答者更會直接將 Plurk 上的朋友當做是採訪對象，而且 60.6%的填答者表示透過 Plurk 有獲得更多元的消息來源，但僅有 48.48%的填答者會透過 Plurk 查證消息來源是否正確，且也僅有 27.27%的媒體主管會鼓勵記者從 Plurk 上找尋更多新聞消息來源（鄭彙翰，2009.11）。

研究者想深入了解，除了將網路訊息當成新聞線索外，更強調即時、互動特色的 Web 2.0 網路服務是否會對新聞記者的採訪工作造成影響？Web 2.0 網路服務對於新聞記者的影響是否有別於 Web 1.0 網路服務？是否可以更深入了解新聞記者在使用 Web 2.0 網路服務時的動機、心態以及使用模式？進一步了解 Web 2.0 網路服務帶來對整個新聞產製的影響。

貳、文獻回顧

本研究將從過去無網路時代，新聞記者利用資料庫的輔助新聞報導行為開始出發，檢視新聞記者在 Web 1.0 網路時代時的利用情形，以及比較 Web 1.0 與 Web 2.0 網路時代的不同。

一、資料庫新聞學

電腦資料庫（computer database）自 1980 年代以來蓬勃發展，國外學者 Willis（1993）提出「資料庫新聞學」（database journalism）概念，指透過線上資料庫查詢功能，新聞記者甚至不用走出編輯部，在短短幾分鐘內就能獲得消息來源，還能使得新聞採訪可獲得更具深度與廣度的消息來源。並且由於電腦資料庫可為媒體省下大量花費，而已廣為報業以及廣播媒體所採用。

Garrison（2001）分析 1994 至 1998 年針對發行量超過兩萬份的報業研究指出，1994 年僅 66%的新聞記者會使用電腦去尋找以及分析消息，但到了 1998 年增加為 90%。而 1994 年僅有 57%的新聞記者使用網路消息，但到了 1998 年增加至 97%，顯示美國新聞記者早在 1998 年就已將網路消息當成其消息來源之一。王毓莉（2001）綜合相關研究同樣發現，已經有越來越多新聞記者上網尋找新聞線索，透過網路尋找報導的線索、查詢報導的背景、找更具深度的報導資訊、事實查證等。透過各式各樣不同功能的網際網路，尋找可作為背景資料或統計、原始資料、一般消息、特定人的消息、文本消息、消息來源、引述資料等各種網路訊息。

張錦華（1999）指出，對於新聞記者來說，網路上大量的資料庫提供了新聞報導豐富的材料，尤其是受限於截稿時間限制的新聞報導，網路資料庫在短時間內提供詳細具體的資料，既可以增加了新聞資訊的深度與廣度、提升了新聞的可信度，也可以促成更敏銳的批判角度。王毓莉（2001）認為，新聞記者可以運用電腦連結而成的網際網路中或線上資料庫尋找新聞線索，可拓寬消息來源的面向，可以增加新聞的廣度與深度。傅旋（2002）指出，透過電腦網路的輔助，也使得新聞主題的來源更多樣化，包括一些突發事件、公關通稿、新聞記者自己隨意發想、電子郵件、以及沒有目標的上網瀏覽，一旦確定了採訪的主題方向後，新聞記者對於網路採取有目標的使用策略，上網搜尋一些相關資料、並加以彙整，成為報導。

二、電腦輔助新聞報導

Ward 與 Hansen（1991）提出電腦輔助新聞報導（computer-assisted reporting, CAR）概念，透過研究發現美國大型報業已透過使用電腦搜尋、選擇以及分析消息來源。Garrison（1998）為電腦輔助新聞報導提出定義，包括：（1）電腦輔助新聞報導包括使用電腦從其他人電腦或其資料庫去搜尋及檢索資訊，即常提到的線上檢索。（2）電腦輔助新聞報導過程包括為了新聞報導的資訊使用電腦去分析原始資料庫或其他消息來源資料庫，即常提到的資料庫新聞學。（3）電腦輔助新聞報導也可以泛指電腦輔助新聞工作（computer-assisted journalism, CAJ）等在新聞工作中使用電腦的各種使用行為。

Garrison（1997）認為，透過線上檢索可以加快搜尋資訊的速度，包括資訊的數量、種類與品質均可大量地增加，並提高工作效率。而此種資料的檢索可以使記者擺脫傳統來自訪問、專家、分析、評論的消息來源，可以使新聞單位直接接觸到第一手文件與報告，而非經由第三者詮釋後的資料。

Garrison 舉出，媒體引入電腦輔助新聞報導之後，可以有如下好處：(1) 增加記者生產力、(2) 節省資訊搜集的花費、(3) 增加在地報導的品質、(4) 減少對消息來源詮釋資訊的依賴並增加對資訊意義的分析、(5) 保持媒體競爭力、(6) 增加資訊近用權 (access)、(7) 技術性增加資訊可靠性以及準確性、(8) 為後續報導使用或其他需求提供更佳儲存性以及更快的存取性（Garrison, 1998: 23-24）。

傅旋（2002）針對國內報業採用資訊科技對新聞產製工作的影響研究發現，從記者前端工作來看，網路新科技的引入主要是對記者傳遞稿件、資訊管道、查詢資料方式與新聞線索搜尋來源的變化。在編輯後段作業上則主要是在於整體編務流程的網路化，使編輯作業環境徹底改變，成為全面電腦連線上作業。

但研究者認為，過去電腦輔助新聞報導主要是針對前端以及後端等電腦利用，忽略新聞中段新聞記者採訪以及查證資料等過程利用電腦輔助新聞工作，也忽略新聞記者身為「人」的角色，以及新聞記者和其他「人」、即消息來源的互動過程。研究者好奇，透過電腦輔助新聞報導，除了在新聞產製的過程中利用電腦作業外，是否在基本的與人互動過程中，也可能利用電腦輔助而達到新的可能？

三、問題意識

從過去文獻回顧來看，新聞記者的確在利用電腦採訪或輔助新聞報導的比例已經相當高，但除了利用電腦外，網路所扮演的角色是否更重要？而在 Web 2.0 網路時代是否有與過去 Web 1.0 網路的情況有所不同？是否有符合 Web 2.0 所強調的互動、使用者為主等特性？

楊志弘（2001）認為，網友可以在網路上和新聞工作者或其他網路使用者進行對談。楊志弘也指出，並非所有的網路媒體的設計都具備完全的互動功能。楊志弘的研究整理，原生網路媒體成為「大眾傳播媒介」的主要優勢包括：「資訊流通快速」、「即時更新」、「去疆界化」、「機器設備與複製成本低」、「易於資訊搜尋」、「個人化服務」。研究者認為其中所形容的網路特性，其實與O'Reilly所形容的Web 2.0特色不謀而合。O'Reilly（2005）所舉的幾個Web 2.0服務例子，其實都是在過去Web 1.0的網路就已有類似的網路服務，如Google AdSense的網路廣告服務，其實DoubleClick已在網路上經營多年，但Google AdSense即時更新最新的廣告內容，而且透過關鍵字針對使用者提供量身打造的個人化服務，正是將Web 1.0升級成Web 2.0的最佳例子。

研究者更好奇，是否可以透過進一步的訪談，更深入了解Web 2.0網路服務如何輔助新聞記者採訪？對新聞記者的採訪工作造成什麼影響？Web 2.0網路服務如何幫助新聞記者進行查證？對新聞記者來說，利用Web 2.0網路服務取材方式是否有別於Web 1.0網路服務？較Web 1.0網路服務來說，新聞記者使用Web 2.0網路服務找新聞線索是否更快？更有利於新聞工作？新聞記者在使用Web 2.0網路服務時的動機、心態以及使用模式？新聞記者如何透過Web 2.0建構消息來源人脈網路？進一步了解Web 2.0網路服務對整個新聞產製的影響。

參、研究方法

一、研究範圍

此次研究選定是以Web 2.0網路服務之一的Plurk為例進行研究。Plurk是一種微網誌（micro blog）網路服務，一般中譯為「噗浪」，官方並無正式中文名字，服務上線於 2008 年 5 月 12 日，一條時間軸上顯示了自己跟好友的所有訊息（維基百科，2009）。Plurk 在台灣是目前最多人使用的微網誌網路服務，會員人數已突破 81 萬人[1]。

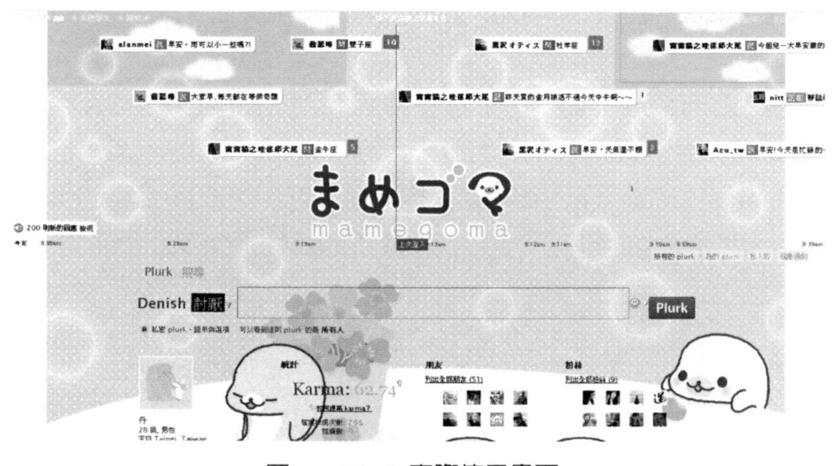

圖一　Plurk 實際使用畫面

Plurk 本身包括位在上面的訊息欄位，一般使用者通稱「河道」（River），只要使用者加入好友或追蹤其他人 Plurk 的訊息都會出現在上方。Web 2.0 的精神讓使用者不用一一造訪這些人的 Plurk，而是以使用者為中心，只要看自己的噗浪就可以知道其他人的訊息。而在下方的 Plurk 則是使用者自身操作界面，以及相關使用者個人資訊。研究者認為 Plurk 其實結合即時通訊以及部落格特性，不只比 Web 1.0 傳統網路更具即時、互動特性，甚至比一些 Web 2.0 網路服務更具個人化特色。

---

[1] 可透過 Plurk 搜尋使用者頁面 http://www.plurk.com/user_search，以關鍵字「Taiwan」查詢即可得到結果。2009 年 12 月 4 日查詢結果為 81 萬 5528 人。

以「Plurk」為關鍵字搜尋 Google 新聞[2]，一個月內提到 Plurk 的相關新聞就達 163 條。而且有趣的是，都不是 Plurk 的相關服務新聞，而是其他類別的新聞都會提到 Plurk。包括何醒邦、朱真楷（2009）「綠天王　噗浪聲援　謝長廷：輿論辦案　蘇貞昌：面對民意淘汰」、吳孟庭（2009）「炒熱聽奧　加入臉書、噗浪作伙挺」，都是新聞記者上噗浪去找尋新聞線索，進而發展出新聞。而且研究者實地觀察到身邊有許多新聞工作者都在使用 Plurk，研究者先前的研究也觀察到新聞記者的確有透過 Plurk 與採訪對象、媒體同業進行互動（鄭彙翰，2009.11），因此希望進一步進行研究 Plurk 如何輔助新聞記者採訪，透過 Plurk 可以觀察到相關研究問題的解答。

二、訪談對象

此次訪談對象是以有使用 Web 2.0 網路服務 Plurk 的新聞記者為主，部份新聞記者有填過先前研究者所設計的「新聞記者使用噗浪（Plurk）行為調查」網路問卷（鄭彙翰，2009.11）、部份沒有，但選取的對象是以研究者的人脈網路為主，由研究者大概了解該新聞記者對於 Plurk 的使用情況後，再選定對象進行訪談。

由於訪談對象多以研究者的人脈網路為主，因此都以科技產業線為主，其中 A、B 兩位使用者是研究者在現場目睹記者使用 Plurk 採訪的重要關係人，A 為提供新聞線索的新聞記者、B 則為使用該新聞線索的新聞記者。C 則為資深記者，代表資深新聞工作者仍有使用 Plurk 的情況。D、E 則是在 Plurk 上使用活躍的使用者，甚至有使用手機來即時跟上 Plurk 的最新更新。F 則為剛開始使用 Plurk、但馬上網路成癮的新使用者，G 則是很習慣使用網路服務，

---

[2] 上網日期 2009 年 9 月 15 日，取自 http://news.google.com/news/search?ned=hk&hl=zh-TW&q=plurk.

不但是部落格達人也同時是 Plurk 達人。但 F 和 G 兩者的使用行為卻很不同，F 是只加入工作時所接觸的對象，G 則是完全不加入工作時所接觸的對象，希望藉不同的訪談對象代表不同的使用族群。

表一　訪談對象媒體資料

代號	媒體屬性	媒體年資	媒體路線	媒體職位	性別
A	網路	5 年	科技產業線	資深記者	男
B	報紙	5 年	科技產業線	採訪記者	女
C	報紙	18 年	科技產業線	採訪主任	女
D	報紙	7 年	科技產業線	採訪記者	女
E	網路	5 年	科技產業線	資深記者	男
F	網路	5 年	科技產業線	網站主編	男
G	網路	3 年	科技產業線	技術編輯	男

三、訪談方法

本研究採用深度訪談方式。深度訪談是訪談者與回答者間的互動，在訪談過程中，訪談者擁有概括性的調查計劃，訪談者為談話設定出概括性的方向，並追蹤回答者所引發的特定主題。（Babbie, 2001／李美華等譯，2004）

研究者所擬的訪問大綱問題包括「你是什麼時候開始使用 Plurk？」、「你會開始使用 Plurk 是否受到身邊人的影響？」、「你會和採訪對象或媒體同業交換 Plurk 嗎？」、「你會在 Plurk 上找尋相關新聞線索嗎？」等相關問題，可能依當時情況會改變問題。

研究者陸續完成七位訪談者的訪談，其中有透過當面訪問、電話訪問，也有透過 MSN 或甚至是直接 Plurk 訪問，訪談也不只一次，如果有後續問題會再補問或追問。

肆、研究發現

一、還原現場

研究者曾經在新聞現場看到的，新聞記者直接使用 Plurk 上新聞線索的真相到底如何？

訪談對象 A 表示，當初他的確是在國外的官方部落格裡看到這項資訊搶先公布，因此他就將這個資訊透過 Plurk 上發佈。雖然這樣子可能會被其他媒體同樣獲得資訊，但訪談對象 A 仍表示，此資訊算是公開資訊，他只是早先一步貼到網路上，後續廠商以及公關公司也會跟進發佈資訊，因此他並不覺得搶先發佈有什麼不好。就算搶先發佈被其他人獲得資訊，所寫的新聞角度以及訪談內容也不見得都和他一樣。

訪談對象 B 則表示，其實她早在兩點就已經截稿，當時看見該 Plurk 資訊其實已經三點多。在獲得該新聞線索時她也馬上查看自己的 email 信箱，發現有收到相關新聞稿，因此馬上用電話回報，但因為僅是消息稿，因此只是在當天新聞版面上做一個簡單的新聞方塊處理。

這次的情況是否為特例？受訪者 A 表示，自己其實一直都會使用 Plurk，當然也是有些獨家消息來源並不會噗上去，仍會視自己心中的一把尺來衡量。而受訪者 B 同樣也表示，每天上網都會開 Plurk 看，其實的確有時候會從 Plurk 上獲得新聞資訊，但不見得都會上去找新聞線索。

二、採用早晚

七位受訪對象中，對於 Plurk 的採用也有先後不同的順序差別，部份受訪者表示自己使用得很早，也有受訪者表示自己是因為受到身邊朋友影響進而使用。如受訪對象 B 就表示，自己是因為知道有 Plurk 這項新 Web 2.0 網路服務，就想要用用看，在身邊朋友都沒用的時候就已經使用，反而是這半年來陸續拉其他的朋友加入 Plurk。而之前除了媒體工作外就經營部落格（Blog）有聲有色的受訪對象 G 也表示，自己很早就知道有 Plurk 這項服務，覺得新鮮就使用一下。

但也有受訪對象如 C 和 F，兩者雖然屬於不同的媒體屬性，但卻不約而同受到身邊媒體同業的人際網路影響進而使用，「因為大家都在聊的時候，你就會想要使用」，表示當身邊同業在使用時，就會怕有什麼資訊錯過了，研究者認為這同時隱含了新聞記者對於資訊的急迫需求，以及在新聞工作中的人脈網路經營的重要性。

部份訪談者也因為 Web 2.0 網路服務的緊密互動性而出現網路成癮的情況，不只會透過電腦上網，更會無時無刻透過手機上網查看自己的 Plurk，如受訪者 D 以及受訪者 E 就會使用手機上網。受訪者 E 更表示，Plurk「隨時都開著，一天大概看 20 次，用手機噗是因為不想通勤和移動時無聊」，甚至「回覆噗的話電腦居多，但發噗約有三分之一是手機發的」。但受訪者 E 也表示，如果今天噗浪當機或壞掉時，會改用 Facebook 或其他服務，並且在上面抱怨。

三、新聞記者與採訪對象

在先前的問卷調查（鄭彙翰，2009.11）中，發現有超過三成的新聞記者曾經與採訪對象交換 Plurk，那是否已成常態？訪談對象 F 表示，並不會主動與採訪對象交換 Plurk，大部份是在接觸久了之後，知道對方也有使用 Plurk，這時才會交換。訪談對象 D 表示，由於所接觸的採訪對象年紀分佈較高，對於新科技的使用程度不高，因此在採訪時仍會以電話或 MSN 等既有工具為主連絡。

訪談對象 C 表示，很多時候與採訪對象談的重要事情並不會想要留下文字資料，即使是透過別人看不到的「私噗」也不希望留下資料，因此不會考慮透過 Plurk 訪談。

受訪者 B 也表示，自己的 Plurk 是屬於私領域，並不是所有採訪對象都會加入，而要視和自己熟不熟，如果是熟一點的採訪對象才比較會加入。

四、新聞記者與媒體同業

問卷調查中顯示出透過 Plurk，新聞記者其實與媒體同業互動最頻繁，那進一步詢問新聞記者，使用 Plurk 是否與同業有關？

受訪者 F 表示，之所以會使用 Plurk 完全是因為身邊同業在使用，「大家都在聊使用 Plurk 上，你就會很擔心會不會錯過什麼？」，他表示，在使用的過程中也的確透過 Plurk 與許多原本不熟的媒體同業進一步認識，在現實生活碰到時也可以用 Plurk 的話題聊天。

訪談對象 D 表示，自己在 Plurk 上的朋友約是媒體同業以及非媒體同業各一半，其中是一些朋友，不一定都是媒體同業。但有時候有問題，反而會直接在 Plurk 上發問，有時候非媒體同業也會給不同的解答。受訪者 E 則表示，媒體朋友、以前的同學同事或朋友、不認識的網友各三分之一，可以透過設定群組區分各群網友，不想給不認識的其他人知道，就用群組小圈圈密噗。

不過也有受訪者 G 表示，使用 Plurk 完全並不是會了和媒體同業接觸，反而在 Plurk 上幾乎沒有媒體同業，大多是透過其部落格所加入的朋友，僅有少部份是媒體同業。但受訪者 G 也表示，因為自己的工作大多是直接與廠商接觸，只有在記者會現場會與媒體同業互動，或私下互動較多。

五、新聞記者與消息來源

研究者認為 Web 2.0 網路其實與 Web 1.0 網路相同，但在 Web 2.0 網路的即時性以及個人化上，都有長足的改進。如過去要連上各個網路論壇才能夠知道其他人的意見，但在 Web 2.0 時代，你只要追蹤別人的 Plurk，他發出一個新噗（即更新了資料）後，就會出現在使用者自己的河道（也就是使用者自己頁面）上。使用者不再需要連上多個網站去找尋資料，而是直接可送到使用者面前。對於新聞工作者來說，Web 2.0 時代的消息來源獲得方式也更加多元，而不再像是過去僅單向的透過電腦線上檢索。

受訪者 D 就表示，當他有問題時，會直接在 Plurk 上詢問，而且驚訝於 Plurk 上的人都很擅於回答，「我沒想到大家日文都很好」，沒想到只是問一個問題，就會得到許多回應。因此她也喜歡在 Plurk 上問各式各樣的問題，甚至是採訪的問題。但她也表示在 Plurk 上獲得的大多數是簡單的新聞線索，如果想要進一步追問，也會考慮用其他 Web 2.0 網路工具，不見得都是使用 Plurk。受訪者 D 自己除了看噗外，也有加了政治人物的 Plurk，以及一些她所喜歡的知名部落客的噗浪，不見得都是為了自己工作的消息來源而加入。

受訪者 E 則表示，常常會從噗浪上的其他同業得到有關於工作上的情報或消息，「像國外展覽就有其他媒體同業從國外傳回來最新消息」，而這些大多是認識的媒體同業。受訪者 F 則表示，有時候也會透過其他 Plurk 上噗友的朋友連結，發現新的新聞線索以及可能的受訪對象，「想要找一些達人或是懂的人，就可能從噗友的朋友上找，甚至是直接搜尋 Plurk 上有討論相關話題的人進行詢問，偶爾還會獲得意外的結果」。

伍、研究討論

此次研究發現，Web 2.0 網路服務之一的 Plurk 讓新聞記者更即時獲得新聞線索，讓新聞記者在採訪時可以更快獲得新聞消息來源，此次研究也發現，開始採用 Plurk 的新聞記者已經試圖利用 Plurk 主動進行搜尋新聞線索，找尋消息來源以及採訪對象，甚至透過 Plurk 上的社交機制開始建立新的消息來源人脈資料庫。但在新聞記者如何透過 Plurk 查證新聞消息部份未有所發現。

Rogers（2003）提出創新傳佈理論（Diffusion of Innovation），指一般人面臨新事物時，可能因採納創新的速度不同，可分成五類人：創新者、採納者、早期多數、晚期多數、落伍者。王毓莉（2000）認為，新聞記者在接觸到網際網路資訊時，與創新傳佈理論所描述的相同，也產生了不同程度的接收或抗拒。而研究者認為，以報導「新」聞的新聞工作者，往往是報導創新者，進而成為採納者或早期多數，特別是科技線的新聞工作者或以科技專業領域媒體的新聞工作者更為明顯。

透過此次新聞記者使用 Plurk 的行為研究也發現，新聞記者採用的時間早晚或是使用目的有所差別，可以將新聞記者對於 Plurk 使用分為重度使用者以及輕度使用者。研究者比較傾向將這些重度使用者歸類為採納者或早期多數，雖然使用目的不同，仍是比較願意接觸新科技的使用者。而未使用或未頻繁使用的輕度使用者，研究者則認為他們仍處在早期多數以及晚期多數中間，以「抗拒者」

的型態企圖不想使用，其中包括不想因為 Plurk 打擾自己私生活或是不想花太多時間使用的都有。

研究者認為新聞記者同業或消息來源等人際網路都在使用時，社會影響力就會讓新聞記者不得不去使用 Web 2.0 新服務。當越多人開始使用 Web 2.0 服務時，報導新聞的新聞記者更要往人群聚集的地方前進，並且試圖從中挖出更具新聞價值的新聞線索或消息來源，一方面是要再從 Web 2.0 服務中獲得新的新聞報導素材，同時也希望搜尋更多的消息來源。

此研究僅研究單一項 Web 2.0 網路服務，雖 Plurk 較具 Web 2.0 所強調的即時以及互動特色，但如能夠研究更多不同的 Web 2.0 網路服務，也許可以了解更多 Web 2.0 網路如何輔助新聞記者採訪。另外新聞採訪中很重要的新聞查證工作在此次研究中也較無著墨，也許是後續研究可以加強的部份。

參考書目

王毓莉（2000），〈線上檢索對記者採訪的影響之初探〉，《傳播管理學刊》，2:1, 41-60。

王毓莉（2001），〈電腦輔助新聞報導在台灣報社的應用——以中國時報、工商時報記者為研究對象〉，《新聞學研究》，第 68 期，91-115。

谷玲玲（2002），〈為什麼要研究網路社群？〉，中華傳播學會年會論文。

李美華等譯（2004），《社會科學研究方法》，台北：湯姆生。（原書 Babbie, E. [2001]. The Practice of Social Research (9th ed.). Belmont: Wadsworth.）。

何醒邦、朱真楷（2009 年 9 月 13 日），〈綠天王　噗浪聲援　謝長廷：輿論辦案　蘇貞昌：面對民意淘汰〉，《中國時報》，上網日期 2009 年 9 月 15 日，取自 http://news.chinatimes.com/2007Cti/2007Cti-News/2007Cti-News-Content/0,4521,11050203+112009091300084,00.html。

吳孟庭（2009 年 9 月 6 日），〈炒熱聽奧　加入臉書　噗浪作伙挺〉，《聯合晚報》，上網日期 2009 年 9 月 15 日，取自 http://udn.com/NEWS/SPORTS/SPO4/5120073.shtml。

張錦華（1999），〈網路與傳統報紙的互動——提供每日即時批評使報導更快、更豐富〉，《新聞鏡周刊》，第 542 期，1999 年 3 月 298 日至 1999 年 4 月 4 日。

張寶芳、羅文輝、鄧麗萍（2006），〈新聞人員的電腦採用與使用行為研究——1994 與 2004 年的比較〉，《廣播與電視》，第 27 期，1-23。

傅旋（2002），〈報業採用資訊科技對新聞產製工作之影響——以網路科技為例〉，國立交通大學傳播研究所碩士論文。

楊志弘（2001），〈網路媒體的互動功能之探討——兼論互動網路新聞的發展〉，《傳播管理學刊》3:1, 1-20。

維基百科（2009），〈噗浪〉，上網日期 2009 年 9 月 15 日，取自 http://zh.wikipedia.org/wiki/Plurk。

鄭彙翰（2009.11），〈Web 2.0 網路輔助新聞記者採訪——以 Plurk 噗浪使用為例〉，「中華新聞傳播學術聯盟研究生研討會」論文。

Garrison, B. (1997). Online Service, Internet in 1995 Newsrooms. *Newspaper Research Journal*, 18 (3-4), 79-93

Garrison, B. (1998). *Computer-Assisted Reporting*, 2nd ed. New Jersey: Lawrence Erlbaum Associates.

Garrison, B. (2001). Computer-Assisted Reporting New Complete Adoption, *Newspaper Research Journal*, 22(1), 65-79.

O'Reilly, T. (2005). What is Web 2.0. Retrieved September 15, 2009, from http://oreilly.com/web2/archive/what-is-web-20.html.

Rogers, E. M. (2003). *Diffusion of innovations*, 5th ed. New York : Free Press.

Ward, J., & Hansen, K. A. (1991) Journalism and Libarian Roles, information Technologies and Newsmaking. Journalism Quarterly, Fall, 491-498.

Willis, J. & Willis, D. B. (1993). *New Directions in Media Management.*

Boston: Allyn and Bacon. (1993). Diffusion of Innovations, 5thed.. New York: Simon & Schuster.

媒體與傳播效果

媒體與運動次文化

——台灣足球運動閱聽人觀賞動機與媒體使用研究

世新大學新聞系兼任講師　邱慧仙

壹、前言

近 30 年來，體育活動的地位產生了明顯變化，一是參加體育活動的人增多，特別是先進國家體育人口迅速增長；其次是人們對體育的認識及關心、了解及參與使得觀賞運動競賽，成為人們日常生活中不可或缺的活動。在運動與傳播媒介愈趨緊密的架構下，最有關係的是人，無論是稱之為運動的參與者、運動產品的消費者、或是運動媒介的使用者，也就是閱聽眾，概為運動傳播研究的核心（莫季雍，2002）。

顯而易見，以台灣來說，棒球與籃球一向是較受到歡迎、球迷及觀眾人數眾多的運動項目，這幾年王建民炫風更加深國人對棒球的重視，維持了棒球之「國球」地位。但以全世界體壇及運動人數為標準，足球（Soccer，英式足球）絕對佔有一席重要之地，不容忽視。足球是全世界球迷人數最多的運動項目，擁有約兩億五千萬的運動人口（黃碧月，2007），更是歐洲及南美洲的傳統運動，對許多國家來說足球比賽之勝負甚至可與國族榮譽畫上等號。台灣民眾較為熟悉的足球活動，應非國際足球總會（Federation international de Football Association, FIFA）四年一度的世界盃足球賽莫屬，近五屆全球電視轉播皆吸引近 300 億人次左右觀眾收看（見表一）。

表一　近六屆世界盃足球賽全球電視觀賞人次統計

年份	主辦國	參賽隊數	現場觀眾數	轉播國／總時數（H）	電視觀眾人次（億）
1986	墨西哥	24	2,407,431	166／9,926	135
1990	義大利	24	2,517,348	167／4,693	267
1994	美國	24	3,587,538	188／16,393	321
1998	法國	32	2,785,100	196／29,145	248
2002	日本／韓國	32	2,705,197	213／41,324	289
2006	德國	32	3,353,655	214／73,072	263

資料來源：整理自 FIFA 網站（http://www.fifa.com）

以運動與傳播之互動關係來看，運動是需要藉由傳播來帶動，以形成一個觀賞運動的環境，並透過傳播活動（campaign）來改變社會大眾的心理與行為，以培育出一穩固的運動市場（楊東遠，2005）。與棒球及籃球相較，台灣球迷在接觸體育運動時最重要的途徑——大眾媒介，無論是電視、報紙之報導，除了世界盃進行期間，足球普遍未受編輯重視。以台灣電視頻道來說，ESPN 及衛視體育台（StarSports）2009 年 5 月份為例播出之足球運動節目（包括比賽、精華、評論等等）合計為 121 小時，而棒球節目佔有 446.5 小時、籃球類節目則佔了 273 小時（見表二）。緯來體育台則是完全不播出足球節目。可知足球播出時數的確遠不及籃球、更無法與國球棒球相比。

表二　體育頻道播出時數（2009 年 5 月）

	棒球	籃球	足球
ESPN	446.5	120.5	19.5
StarSports	0	152.5	101.5
總計	446.5	273.0	121.0

單位：小時

除了少數定時轉播大型足球賽事之體育專門頻道外，網路世界擁有能涵括大眾及小眾文化的通道與傳播本質，對於以歐洲為主要競技場的足球運動，促供了臺灣球迷不受時差限制收看即時轉播的機會，因此也孕育出一群為數不少的足球閱聽眾。

有鑒於前述足球運動在世界體壇之「主流」地位；同時，雖然身在「足球沙漠」，台灣仍有一群為數不小的足球運動愛好者及潛在觀眾，藉由大眾傳播媒體的中介及幫助，得以吸收到有關資訊或投以熱情，因此引發研究者對其看球動機及媒體使用行為的好奇，同時為往後相關研究建立基礎。本研究欲探究之問題如下：（1）台灣足球運動閱聽人之觀賞動機；（2）台灣足球運動閱聽人接觸相關資訊之媒體使用；（3）不同觀賞動機是否造成媒體使用之差異。

貳、文獻探討

一、運動閱聽人觀賞動機

Lines（2000）提出動機架構應包括個人、社會及情感面向。動機之分類方面，Wann（1995）發展之運動迷動機量表 Sport Fan Motivation Scale（SFMS）包括八種動機因素：正向壓力（正向的刺激，eustress）、自尊（self-esteem）、逃避（escape）、娛樂（entertainment）、經濟（economic）、美學（aesthetic）、群體聯繫（group affiliation）以及家庭（family）需求。偏好個人運動的體育迷在美學動機上較為強烈，而偏愛團隊運動的迷在正向壓力與自尊動機上得分較高（Wann, Schrader, & Wilson, 1999）。

使用 Wann 的量表，Daniels & Norman（2005）以馬術運動觀眾為目標，發現娛樂與群體聯繫需求為主要觀賞動機。Cohen & Avrahami（2005）研究足球迷的活動參與，其中正向壓力、自尊、團體聯繫與美學動機與主動參與足球運動具明顯關聯；娛樂與經濟動機則與被動參與有明顯關聯。Won & Kitamura（2007）比較了南韓與日本足球迷之動機差異，發現南韓球迷在與個人利益相關之動機（家庭、球員與戲劇張力）上得分較高；日本球迷則在運動本身（球員技術及娛樂）與自我定義（同感成就及球隊認同）相關動機上較南韓球迷來的強烈。

回到國內相關文獻之檢視，會發現運動迷動機之研究乃以棒球迷為最大宗，反映出台灣之主流運動文化現象。劉美稚（1999）發現球迷現場觀賽之最重要動機為「特別喜歡某球隊的演出」、「球賽精彩刺激吸引」及「比賽時加油的熱烈氣氛吸引」。唐綾嬬（2008）之研究指出受試者之收看動機以娛樂、優壓（eustress）及群體聯繫動機為主。林嵩棧（2008）指出球迷動機要素的反應依序為「比賽吸引與個人認同」、「休閒娛樂」、「社會需求與人際互動」。棒球之外，籃球在台灣運動競技場上亦稱主流運動。張怡中（2007）探討 HBL（High-School Basketball League）球迷參與動機，前三項分別為「可以豐富個人休閒生活」、「符合個人興趣」、「受到出賽球員精湛的球技所吸引」。

總結以上探討，可知動機包括了廣泛的個人、社會及情感面向，而每種元素皆影響了迷群對於體育賽事各式各樣的參與行為及反應，屬於消費行為重要的預測因子之一。

二、運動閱聽人媒體使用

行政院體委會的調查顯示（轉引自巫坤達，2004），在接觸管道方面，國內多數民眾以電視做為主要的運動資訊來源，其次則為接觸一般報紙的運動相關報導；至於廣播、雜誌及網路，則不是民眾經常接觸的運動資訊管道；人際傳播上，多數民眾僅偶爾會和別人討論和運動有關的話題。

其餘亦有眾多實證研究在探究運動閱聽人之媒介接觸情形。李淑玲（1994）發現，獲得職棒消息的主要來源以「電視」最多，其次為「報紙」、「同學朋友」。林怡秀（2002）的研究顯示，運動專長生平時最常接觸運動新聞之媒介，主要為報紙、電視，而非運動專長生平時最常接觸運動新聞之媒介依序為電視、報紙。許智惠（2003）指出，運動觀眾固定收看電視的比例遠超過閱讀報紙的比例，且網路的使用情形不佳，人際討論以「偶爾討論」形式居多。

由以上回顧可發現，台灣運動觀眾最常接觸之媒體仍以電視為主，其次為報紙，而網路、廣播或人際討論則似乎並非運動迷偏好使用以獲取資訊的媒介。Wilson（2007）研究美國的足球運動時指出，網際網路為足球愛好者提供更多獲取資訊的機會，提供全世界球迷足球內容，各式各樣足球網站相繼成立，打破傳統媒體的資訊守門機制，改善了足球在美國電視頻道及報紙版面中的失衡地位。網際網路讓公眾有機會主動尋求資訊，而非被動等待。足球在美國非主流運動，在台灣亦然，而台灣球迷是否亦將網路內容視為最重要資訊來源？將在以下章節檢證。

三、動機與媒體使用

從早期的廣播到電視運動節目，觀賞或收聽運動節目的重要性在於藉由節目中的實況轉播、戰略分析等等內容來獲得人際間日常生活溝通橋樑的資訊（Boyle & Haynes, 2000）。而運動過程中的戲劇化成分，可以加深人們觀賞參與運動的興趣（Wenner, 1998），使閱聽人有愉悅反應。電視媒介即將運動的戲劇效果發揮到極致，例如在比賽前將兩隊歷史交戰的數據和競爭焦點化成圖表呈現，而為了讓比賽的競爭更具衝突性，會運用聲調和激動的言語來強化競賽的衝突性和戲劇性（忻雅蕾，2005）。Bryant, Comisky & Zillmann（1977）研究發現，足球播報內容中 26%的評論具戲劇性，鏡頭也會特別帶到球員的憤怒表情、兩方教練大聲怒吼的分割畫面，研究並顯示出運動的戲劇效果可強化實際衝突感。因此，電視媒體運動評論，以強化比賽雙方對立性，吸引更多閱聽人。此外，Morse（1983）認為電視媒體科技靠著不斷重播、以慢動作呈現運動中的力與美，產生一種不同於現場的觀賞角度。

至今文獻大多以電視媒體為主進行運動迷之使用研究，似乎電視可滿足運動閱聽眾之某方面需求動機。至於其他媒體是否同樣可滿足其他動機？亦是本研究欲探究之重點。

參、研究方法

一、研究架構

本研究主要在探討台灣之足球運動愛好者、閱聽眾之觀賞動機及其使用媒體以獲取足球相關資訊之狀況，進而試圖找出運動比賽觀賞動機與媒體使用間是否具有某種程度之關聯性。因此本研究假設：不同觀賞動機閱聽人之媒體使用頻率不同。研究架構如圖一。

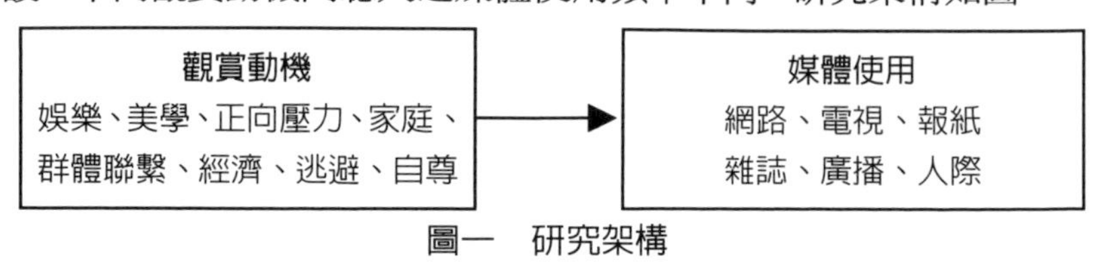

圖一　研究架構

二、問卷設計

動機之量測採以體育觀眾（sport spectator）及體育迷（sport fan）研究為專長之 Wann et al.（1999）發展的 SFMS 量表為測量工具，此量表已經歷眾多國外研究之使用，擁有足夠信度及效度。本研究問卷內容包括三部份：

（一）觀賞動機

運動迷動機量尺（SFMS）是設計用來測量運動迷八種不同動機之量表，包含正向壓力、自尊、逃避、娛樂、經濟、美學、群體聯繫以及家庭（Wann et al., 1999），共涵括 23 項子題。此問項採 Likert 七點尺度量表，1＝非常不同意，7＝非常同意。

各動機之定義如下（Wann et al., 1999）：

1. 正向壓力：能激勵與刺激個體的正面壓力。受正向壓力驅使的個體同時享受觀賞時伴隨而來的刺激與憂慮感。
2. 自尊：運動迷的身分幫助許多人創造及維持正向的自我概念。當一位球迷支持的隊伍獲勝，這位球迷本身亦同樣獲得成就感。
3. 逃避：對於生活不滿意或感到厭煩的迷，能藉由迷的相關活動暫時忘卻煩惱。

4. 娛樂：將觀賞體育活動視為與看電影、看電視或聽音樂等相同的消遣娛樂形式。
5. 經濟：觀賞體育活動的目的在於獲得博弈的機會。
6. 美學價值：一些迷被運動本身呈現出的美感所吸引。
7. 群體聯繫：迷對於歸屬感的需求及渴望。藉由成為特定隊伍的迷，個體得以與其他迷們分享經驗，取得與更多人的聯繫及獲得認同感，甚至擴大範圍至學校、社區以及國家。
8. 家庭：渴望有更多時間與家人相處。

（二）媒體使用

本研究在調查運動閱聽人透過各種傳播媒體接觸足球運動的頻率，包括電視、網路、報紙、雜誌、廣播五大媒體，以及人際間討論行為。頻率測量從「從未」到「幾乎每天」區分為七尺度。

（三）人口統計變項

包括性別、年齡、教育程度、職業身分、婚姻狀況、月收入、居住地區等。

三、樣本選擇與問卷發放

為尋覓台灣之足球閱聽人，以網路三大部落格（無名小站、痞客幫、雅虎奇摩）為目標，針對「足球」、「soccer」或「football」等關鍵字進行搜尋，再一一點選進入檢視是否可歸納為本研究樣本。檢視標準為：有一系列（不只一篇）部落格文章為與足球相關之心得或評論、以及使用足球相關圖片為網頁背景或個人顯示圖片。另一方面，再經由這些部落格主及身邊愛好足球運動之親朋好友，採滾雪球方式，請求將問卷傳送予其他足球社群或個人進行填答，增加樣本數。

本研究之前測及正式問卷以網路問卷形式張貼網址至符合抽樣資格之留言版或部落格文章之回應處請求填答。信度檢測標準方面，Cronbach's α 大於 0.7 為高信度（Guieford, 1965）。而對前測有效回收問卷所進行的信度檢驗結果顯示動機量表之 α 係數為 0.88，高於 0.7，表示本研究量表高度可靠。正式問卷張貼時間為 98 年 5 月 4 日至 8 日，共計回收 282 份，有效問卷 280 份，符合樣本數量不可低於 200 份之要求（Kelloway, 1998）。回收後之問卷資料採統計套裝軟體 SPSS 10.0 for Windows 版本進行分析。

肆、分析結果

一、樣本結構

280 位受訪者中，男女比例為七比三，平均年齡 24 歲，學歷以大學大專最多（59.3%），學生身分（66.4%）、未婚者（92.1%）佔多數，月收入以 10,000 元以下最多（58.2%），居住地北部佔有一半（55.7%）。

二、觀賞動機

（一）因素分析

全量表的內部一致性係數為 0.82，表示具高度同質性。而個別題項的檢驗標準一般以相關係數 0.3 者為標準（邱皓政，2006），項目分析結果顯示原題項中第 16、20、21 題之相關係數不及 0.3，表示與全量表有不同質性出現，應予刪除，原動機量表縮減為 20 題。接著針對 20 題觀賞動機題項進行因素分析，採主成分分析法萃取主要因素，保留特徵值大於 1 的共同因素，同時取因素負荷量絕對值大於 0.4 為決定因素涵蓋範圍之標準。量表之 KMO 取樣適切性值為 0.85，Barlett 球型檢定達顯著（$p=0.000$），表示各變數觀察值具有共同變異，適合進行因素分析。結果共萃取出 5 項因素，累積總解釋變異量為 64.62%。（見表三）

表三　觀賞動機因素分析

M/SD	題項	FL	*M*	*SD*
美學娛樂 (6 題) 6.027/0.814	4-觀賞足球節目、吸收相關資訊或討論足球話題的主要理由之一在於足球運動的藝術價值	0.763	6.146	1.00
	12-我享受觀賞足球競賽的原因在於，對我來說，足球運動是一門藝術	0.783	6.246	0.973
	15-我享受足球運動，因為它具娛樂價值	0.760	6.086	1.064
	18-我喜歡藉由觀看足球運動獲得被激發的熱情	0.570	5.939	1.091
	19-我享受觀賞足球節目、吸收相關資訊或討論足球話題的原因很簡單，僅僅因為這些時刻我是快樂的	0.454	5.475	1.617
	22-觀賞足球節目、吸收相關資訊或討論足球話題的主要理由之一在於能欣賞足球員技巧的優美協調	0.717	6.268	1.007
逃避 (4 題) 4.474/1.323	1-觀賞足球節目、吸收相關資訊或討論足球話題的主要理由之一在於，讓我有機會暫時逃離生活上遭遇的困難	0.747	3.968	1.948
	9-觀賞足球節目、吸收相關資訊或討論足球話題的主要理由之一在於，能允許我忘卻自身遭遇的煩惱	0.763	5.100	1.594

	13-對我而言，觀賞足球節目、吸收相關資訊或討論足球話題時像沉浸在白日夢之中，將我帶離現實生活的紛擾	0.835	4.411	1.826
	17-我享受觀賞足球運動，因為如此能增強我的自尊與自我意識	0.503	4.418	1.500
經濟(3題)2.256/1.470	2-觀賞足球節目、吸收相關資訊或討論足球話題的主要理由之一在於，我得以進行下注或參與博弈活動	0.874	2.611	1.779
	7-足球比賽只有在得以進行下注或博奕時才會讓我感到快樂	0.874	1.971	1.528
	10-身為球迷最快樂的部份在於能有博弈的機會	0.887	2.186	1.622
家庭群體(4題)4.240/1.185	5-我喜歡觀賞足球節目、吸收相關資訊或討論足球話題，因為如此讓我有機會與另一半相處	0.743	3.400	1.688
	11-觀賞足球節目、吸收相關資訊或討論足球話題的主要理由之一在於，我有許多朋友亦同樣為足球迷	0.680	4.871	1.674
	14-觀賞足球節目、吸收相關資訊或討論足球話題的主要理由之一在於，我是一個喜歡與他人相處在一起的人	0.608	5.011	1.494
	23-我喜歡觀賞足球節目、吸收相關資訊或討論足球話題，因為如此讓我有機會與家人相處	0.736	3.679	1.619
正向壓力(3題)6.157/0.869	3-觀賞足球節目、吸收相關資訊或討論足球話題的主要理由之一在於，當我觀賞喜愛的球隊出賽時，會變得精神亢奮、精力充沛	0.755	6.314	0.973
	6-觀賞足球節目、吸收相關資訊或討論足球話題的主要理由之一在於，能享受被競賽所激起生理上的興奮感	0.635	5.714	1.280
	8-觀賞足球節目、吸收相關資訊或討論足球話題的主要理由之一在於，當我支持的球隊獲勝時讓我感到很開心	0.634	6.443	0.949

（二）動機得分概況

各構面中以「正向壓力」得分最高（6.157），其次依序為「美學娛樂」、「逃避」、「家庭群體」，最低分者為「經濟」動機（僅 2.256）。單以題項來看，得分最高者為正向壓力構面下的「觀賞足球節目、吸收相關資訊或討論足球話題的主要理由之一在於，當我支持的球隊獲勝時讓我感到很開心」（6.443）；最低分者則為經濟構面中的「足球比賽只有在得以進行下注或博奕時才會讓我感到快樂」（僅 1.971）。

三、媒體使用頻率分析

由表四可知，樣本使用媒體接收足球資訊之情況，以網路為最頻繁之媒介（M=5.754），其次為人際討論、電視、報紙。雜誌與廣播則較少使用。

表四　媒體使用頻率得分

變項(M/SD)	題項	M	SD
使用頻率 4.623/1.216	1-透過電視接觸足球活動	5.057	1.299
	2-透過網路接觸足球活動	5.754	1.507
	3-透過報紙接觸足球活動	4.054	1.871
	4-透過雜誌接觸足球活動	3.346	1.654
	5-透過廣播接觸足球活動	2.271	1.556
	6-人際間討論足球活動	5.150	1.727

四、觀賞動機與媒體使用頻率

由表五可知，最能預測電視使用之動機為「美學娛樂」（β＝0.237）；最能預測網路使用之動機為「正向壓力」（β＝0.248）；最能預測人際討論者則為「家庭群體」動機（β＝0.247）。另，「家庭群體」亦為最能影響雜誌及廣播使用頻率之觀賞動機；但對網路使用來說卻具有負向影響，即愈傾向以家人朋友群體情感聯繫為看球動機之閱聽眾，使用網路吸收資訊之頻率愈低。「經濟」誘因則為最能預測報紙使用之動機。「逃避」對於各種媒體使用皆無預測力。

表五　觀賞動機對媒體使用頻率之迴歸分析

媒體 動機	電視	網路	報紙	雜誌	廣播	人際討論
美學娛樂（t/Beta）	**3.199**/ 0.237**	**2.317*/ 0.172**	1.214/ 0.093	1.223/ 0.093	0.594/ 0.044	**2.525*/ 0.182**
逃避（t/Beta）	-0.262/ -0.017	0.652/ 0.041	0.148/ 0.010	0.162/ 0.010	0.281/ 0.018	-1.108/ -0.068
經濟（t/Beta）	1.739/ 0.103	-1.176/ -0.070	**3.088**/ 0.189**	**2.719**/ 0.165**	**2.806**/ 0.168**	-1.920/ -0.111
家庭群體（t/Beta）	-0.642/ -0.040	**-2.188*/ -0.137**	**2.284*/ 0.147**	**3.138**/ 0.201**	**4.452***/ 0.281**	**4.051***/ 0.247**
正向壓力（t/Beta）	**2.718**/ 0.198**	**3.419***/ 0.248**	0.545/ 0.041	0.339/ 0.025	-0.796/ -0.058	**2.616**/ 0.185**
R Square	0.149	0.151	0.101	0.115	0.140	0.199
F	**9.564*****	**9.762*****	**32.842*****	**7.090*****	**8.941*****	**13.572*****

*$p \leqq 0.05$，**$p \leqq 0.01$，*** $p \leqq 0.001$

伍、結論

一、主要研究發現

（一）正向壓力為觀賞足球賽事最重要之動機

依 Wann 等人（1999）的定義，正向壓力為一種能激勵與刺激個體的正面壓力，受正向壓力驅使的個體同時享受著觀賞（賽事）時伴隨而來的刺激感與憂慮感。球賽時輸時贏，支持的一方贏球時即使能享受到興奮快感，但不幸輸球時球迷也經歷了嚴重失落感與傷心難過。不願承受這種洗三溫暖般心理壓力的個體較不易成為運動閱聽眾。此與 Cohen & Avrahami（2005）對以色列足球迷進行之研究結果相似，此研究指出正向壓力動機與主動參與足球運動具明顯關聯，經濟動機則與被動參與有明顯關聯。

（二）台灣足球運動閱聽人最常使用網際網路獲得資訊

國內之相關調查（巫坤達，2004；李淑玲，1994；林怡秀，2002；許智惠，2003）皆顯示，台灣運動閱聽人之媒體使用一向以電視居首，網際網路不是運動迷吸收資訊的重要渠道。這與主流媒體之守門機制有關，從 Wilson（2007）之研究可看出，由於足球並非美國本地主流運動，因此足球迷會主動於無遠弗屆之網際網路空間中尋找有關資訊來滿足需求，因為當地傳統媒體如電視之足球節目收視不高，自然不會有大量的轉播，報紙之報導版面亦少。台灣之狀況也許與美國相似，網際網路的可大眾可小眾特性，成為足球迷最常進行資訊交換及吸收新知之管道。人際討論行為次之。身為非主流運動愛好者，迷群間之討論及互相取暖便成為足球迷獲得資訊及得到滿足的重要途徑。

（三）最能預測電視使用之動機為「美學娛樂」；最能預測網路使用之動機為「正向壓力」；最能預測人際討論者為「家庭群體」動機；「經濟」動機則最能預測報紙使用

論及不同媒體時，常會以其所能滿足閱聽人的不同期望為分析重點。電視所能滿足的觀眾動機是最常被提及的（如 Bryant, Comisky, & Zillmann, 1977；Morse, 1983；忻雅蕾，2005），運動節目存在衝突性特質，這種衝突的呈現有著高度戲劇張力，使閱聽人有愉悅反應，而電視媒介即將運動的戲劇效果發揮到極致。電視畫面及轉播技巧同時也顯現出運動員的技巧與身體動作美感，滿足運動閱聽人對於美感及娛樂面的需求。家庭及群體聯繫動機對於人際討論的預測力易於理解，可能平時討論及互換資訊的對象即為足球同好或親友。而隨著運動彩在台灣的出現，蘋果日報亦另闢專門的博彩版面進行分析報導，可能因此提升喜好運動博弈之閱聽眾的使用頻率。

二、研究限制與未來研究建議

由於本研究屬作者將來欲進行一連串運動迷研究之起始點，在不甚全面之觀點與知識下，自行提出一些研究上之限制，盼可繼續精進及修正。

（一）以網路為問卷發放管道，可能造成媒體使用評估的誤差

基於時間限制及抽樣之便利，以部落格關鍵字搜尋方式尋找樣本。部落格使用者通常屬較常接觸網路之一群人，因此在進行媒體使用頻率之調查時，網路無可避免成為最常使用之媒體。

（二）媒體使用行為之調查面向不足

本研究僅以頻率為變項，無法涵括運動閱聽人之媒體使用行為。除了使用量之外，使用質亦是後續研究重點。

（三）各大媒體對於足球運動之報導及呈現研究

以議題設定角度來看，媒體重視的議題隨及演變為民眾重視的議題。明年 2010 年適逢四年一度之世界杯足球賽，屆時媒體之報導量是否增加？增加情況如何？報導面向如何（如集中於賽事、明星球員、衝突、或者對台灣足球之反思等等）？而民眾是否因媒體報導量增加而認為足球之重要性提升亦是值得研究之處。

（四）輔以深度質性研究

就土生土長的台灣人來說，愛上足球運動的原因也許人人不同，可能是受到朋友影響、家人影響、受到電視上帥氣的足球明星影響、因為某次的世界杯而受到吸引等等。若能進一步對迷群進行質性訪談，想必能從中獲得更多學術上富有價值的初級資料。而迷（fan）研究在流行文化研究中佔有一席之地，運動無可否認已融入當代流行文化內涵中，台灣之「運動迷」研究卻仍十分不足，冀望能有更多學者同心協力深耕這塊學術沙漠。

參考書目

巫坤達（2004），《運動傳播行為與運動之社會認知效果研究》，輔仁大學體育學系碩士論文。

忻雅蕾（2005），《電視媒體運動觀賞者觀賞動機、人格特質與情感反應之研究》，政治大學新聞研究所碩士論文。

李淑玲（1994），〈青少年傳播行為與對職棒球員形象及認同程度之研究——以台北市公立國中、高中學生為例〉，《體育學報》，17：123-142。

林怡秀（2002），〈輔仁大學體育系學生對體育新聞接觸程度調查之研究〉，《輔仁大學體育學刊》，1：119-139。

林嵩棧（2008），《職棒觀賞體驗、觀賞動機對觀賞滿意度影響之研究——以米迪亞暴龍與 La new 熊對戰組合賽為例》，台灣師範大學體育學系碩士在職專班論文。

邱皓政（2006），《量化研究與統計分析》，台北：五南。

莫季雍（2002），〈2000 年奧運轉播閱聽眾的收視動機、行為與評價〉，《台灣體育運動管理學報》，創刊號：55-70。

唐綾嬬（2008），《球迷認同感與球賽收看動機及收看行為之關連性研究》，台北市立體育學院休閒與運動管理學系碩士論文。

張怡中（2007），《高中籃球聯賽行銷策略對於球迷參與動機影響之研究》，大葉大學運動事業管理研究所碩士論文。

許智惠（2003），《報紙運動新聞議題設定效果研究——以 2002 年世界盃足球賽為例》，台灣師範大學運動休閒與管理研究所碩士論文。

黃碧月（2007），〈2006 年世界盃足球賽後——看歐洲地區足球發展對亞洲地區之啟示〉，《大專體育》，90：144-148。

楊東遠（2005），〈以傳播觀點探討 SBL 超級籃球聯賽〉，《輔仁大學體育學刊》，4：309-325。

劉美稚（1999），《台灣職業棒球消費行為研究》，政治大學廣告研究所碩士論文。

Boyle, R & Haynes, R. (2000). *Power Play: Sport, the media and popular culture*. Harlow, England: Longman.

Bryant, J., Comisky, P., & Zillmann, D. (1977). Drama in sport commentary. *Journal of Communication, 27* (3), 140-149.

Cohen, A., & Avrahami, A. (2005). Soccer fans' motivation as a predictor of participation in soccer-related activities: An empirical examination in Israel. *Social Behavior & Personality: An International Journal, 33*, 419-434.

Daniels, M.J., & Norman, W.C. (2005). Motivations of equestrian tourists: An analysis of the colonial cup races. *Journal of Sport Tourism, 10*(3), 201-210.

Guieford, J.P. (1965). *Fundamental Statistics in Psychology and Education（4th ed）*. New York: McGraw-Hill.

Kelloway, E.K. (1998). *Observed Variable Path Analysis, in Using LISREL for Structural Equation Modeling: A Researcher's Guide*. Thousand Oaks: Sage Publication.

Lines, G. (2000). Media sport audiences—Young people and the Summer of Sport '96: Revisiting frameworks for analysis. *Media, Culture & Society, 22*, 669-680.

Morse, M. (1983). Sport on television: Relay and display. In Kaplan, E. A. (Ed.), *Regarding television: Critical approaches-an anthology* (pp.44-66). Frederick, M.D.: American Film Institute and University Publications of America.

Wann, D. L. (1995). Preliminary validation of the sport fan motivation scale. *Journal of Sport and Social Issues, 19*, 377-396.

Wann, D. L., Schrader, M. P., & Wilson, A. M. (1999). Sport fan motivation: Questionnaire validation, comparisons by sport, and relationship to athletic motivation. *Journal of Sport Behavior, 22*, 114-139.

Wilson, W. (2007). All together now, click: MLS soccer fans in cyberspace. *Soccer & Society, 8*, 381-398.

Wenner, L.A. (1998). *Media Sport*. London: Routledge.

Won, J. U., & Kitamura, K. (2007). Comparative analysis of sport consumer motivations between South Korea and Japan. *Sport Marketing Quarterly, 16*, 93-105.

廣電系所學生對於影音分享網站的態度及選用動機研究
——以世新大學為例

世新大學廣播電視電影學系副教授　李佳玲

壹、研究動機與研究目的

一、研究背景與研究動機

全球資訊網從 1993 年發展以來，基礎建設的逐漸完備，再加上科技的日新月益，不僅帶動了媒體匯流的風潮，也讓傳統媒體的領域，不得不思考新媒體來臨後的未來方向。從傳播史的角度來看，的確沒有一個傳統媒體因為新媒體的來臨，離開了媒體市場。然而，傳統媒體的確都會歷經轉型與再生的發展（李秀珠，2002）。因此，了解使用者對於新媒體的態度或行為，也可以協助傳統媒體尋求未來的轉型與方向。

網路影音的發展，也因近年寬頻的普及與軟硬體、壓縮技術的精進，出現突破性的發展，影音資料無論在呈現的品質或播放的流暢度上，都有顯著的進步（Rayburn, 2007）。Web 2.0 的時代來臨，不但使得重量級的時代雜誌，在 2006 年的年度風雲人物，以「你」來命名，這種利用網路上的工具，讓每個人的小貢獻集結成大力量的方式，也深深地影響了現代人。影音資料也因 Web 2.0 的這個風潮，大量散佈在網路世界中。其中，如 YouTube（http://www.YouTube.com）在 2006 年的爆紅，也引發了一連串的部落格及社交網站加入影音上傳及分享功能（Grossman, 2006）。美國 ComSore 公司針對美國數位市場的調查發現，2008 年當中，美國人一個月在 YouTube 上的觀看人次就可以達到 51 兆次，也比前一年增加了 74%（Radwanick, 2009）。YouTube 的大行其道，也在世界各地引起了風潮，以台灣為例，無論是在 2008 年針對北部傳播學院的學生的調查研究（李佳玲，2009），或是在 2009 年，創市際研究顧問有限公司（insightxplorer，2009）針對台灣網友調查，YouTube 都是最多人上去觀賞的影音分享平台。因此，為了要了解閱聽人對於網路影音的喜好與行為，引發了研究者想要深入研究的興趣。

研究者身為大學廣電系所的教師，對於本系所的同學來說，影音的產製行銷有可能成為他們未來賴以維生的工具，對於影音網路化的時代來臨，全民上傳影音作品視為風潮，這些廣電系所的學生的態度是如何？是感到威脅？或是認為是另一個契機？另外，這些學生們是否會選用影音分享網站來上傳或分享他們的作品？他們使用與不使用的動機為何？是否會因他們對新科技的態度，或對電腦、網路的態度、能力有關聯？雖然現代的大學生在網路上瀏覽操作的使用經驗比起過去的我們來說，要好上許多（Kravitz, 2004）。但也有學者們提出警告，不該假設性地認為這些大學生們可以在任何網路環境下操作自如（Chen & Paul, 2003）。然而，有什麼動機或因素會影響這些廣電系所學生是否選用或上傳分享他們的影音作品？目前這樣的研究並不多見。因此，引發研究者研究的動機。

什麼因素會影響傳播學院的學生選用或不選用影音網站來上傳或分享自己的作品？研究者試著從相關的研究中尋得可能的答案。如學者 Tsai, Lin, & Tsai et al.（2001）的研究實驗中，發現學生對於網路的態度將影響他們對網路學習環境的看法，甚至行為。他們將網路態度分成四個因素：認為網路的有益度（Usefulness)、對網路的觀感（Affection)、對自已操控網路的程度（Control)、及自已的網路行為（Behavior)。如果是像 YouTube 這類的影音分享網站，學生們對於網路的態度是否會影響他們對於影音分享網站的看法或行為？在另一方面，影音分享網站也是一種網路上新傳播科技，而有關創新傳播科技的採用研究，傳播學者 Rogers(1986, 1995）於 1962 年提出的創新傳佈理論，直到今日都是傳播學者在探討相關主題的熱門理論。Rogers 認為閱聽者對於創新科技的採用與否，與創新科技本身的特質相關，他歸納出五個創新科技特質（Rogers, 1995）：相對利益、相容度、複雜度、適用度、及可觀察度。近年來，有些研究者在研究中也發現到，當新科技已經成熟到一個程度，有些特質是不需要特別檢視的（李秀珠，2002）。因此，本研究在設計問卷時，也會針對這方面做一些調整。所以，在這一次的研究中，研究者將針對學生的網路態度及對新科技的特質，是否與他們採用影音分享網站的動機關聯性做分析。

二、研究目的

基於上述的研究背景及動機，本研究的研究目的為研究影響廣電系所學生選用及上傳影音分享網站之動機因素，也試從他們對網路的一般態度、對新科技的採用態度上來了解學生選用或不選用影音分享網站上傳他們的作品的關聯性。

本研究將有助於研究者及影音分享網站設計者了解廣電系所學生對於影音分享網站的態度及與其使用動機，另一方面，也可以了解廣電系所學生選用或上傳影音作品至影音分享網站與他們對網路的態度及新科技的特質是否有關聯。

貳、文獻探討

一、影音分享網站

影音分享網站（Video Sharing Websites, VSW），在本研究是定義為可提供使用者觀看、分享、上傳影音作品的網站，像這樣的網站在這幾年是以等比級數在成長。根據創市際「ARO 網路測量研究」（insightxplorer, 2009）於 2009 年 7 月的調查中發現，網友們使用網站的產業別排行中，影音網站的到達率排名第六，大約 75%的網友會上影音網站觀看或分享影音。另一方面，在這幾年，影音分享網站也呈現了多樣化的發展。有些是網站提供一個影音平台，提供使用者上傳及分享影音作品，例如 YouTube；有些是由系統後台人員上傳影音作品，閱聽人可以分享在此平台上的影音節目，如 hiChannel 及 PPS 等。在本次研究中，我們所探討的範圍，是指提供使用者觀賞及上傳分享影音資料的網站。通常這些網站是免費的，在上傳影音資料的長度，檔案大小及檔案格式會有所限制（Pasche, 2008）。比較令人熟知的影音分享網站如 YouTube 或 I'm vlog 等。尤其是 YouTube 網站，不但擁有高知名度（Bonk, 2008, March; Shields, 2008a），也引發了所謂的 YouTube 現象，如網友們開始拍攝及上傳影片到這些影音分享網站，或因上傳的內容引發社會爭議等等。網路上也有許多類似 YouTube 的影音網站，例如中國大陸的土豆網，或是將原本盛行於網路的部落格，多了上傳及分享影音等功能，知名的如無名小站及近來爆紅的 Facebook 等。值得注意的事是，近年來網路流行的社交網站如 Twitter、Plurk、或是之前提的 Facebook，使用者可以使用聯結的功能，將影片簡易地推播至其他常用的社交網站，讓使用者可以上傳一處，分享多處的好處。也讓影音分享網站的普及率愈來愈高。

針對網友使用影音分享網站的研究方面，Bonk（2008, March）於 2007 年針對高等教育以上人士，設計及發放有關影音分享網站的問卷，從超過 1000 份的受訪結果中顯示，大部份的受訪者都曾進入影音分享網站及轉寄影片連結與好友分享，然而，製作影片上傳或在這些網站上留言的人卻只佔了少數，如影音上傳將近 18%左右，而且在各年齡層中並無顯著差異。對身為廣電系所的學生來說，規劃及製作影音作品是學習中的一部份，他們是否會運用所學將影音作品上傳？或有其他因素讓他們不願意上傳？與其他使用者是否有所差異？研究者於 2008 年曾針對傳播學院學生做過類似調查發現（李佳玲，2009），學生曾上傳影音作品至影音分享網站有高達 77%，然而，當時是用網路問卷，為恐不愛上網的同學資訊沒有收集到，也想了解為何與國外的研究有所差別，因此這次使用紙本問卷，以求得真實的答案，另一方面，也試著從廣電系所學生對於影音分享平台的態度及行為了解為何些上傳率高於其他人的原因。

另一方面，我們也慢慢看到傳統的影音媒體產業對於影音分享網站的態度變化，影音分享網站的盛行對傳統媒體來說不見得是好事。這些以製作及行銷影音內容獲利的產業來說，免費的影音分享網站等於是以非法的行徑搶奪他們的飯碗，尤其如 YouTube 對於網友上傳有版權的影音作品的實質反應相當消極，導致相當多的著名影音產業如 NBC、Viacom 不願與 YouTube 簽約上傳合法影音資料（Shields, 2008b）。然而，近年來 YouTube 也慢慢提供了一些商業模式吸引內容大廠的青睞，以擺脫山塞版的形象，除提供數位版權保護（DRM）來對專業內容進行認證，也與內容大廠，例如與時代華納合作，提供新聞及短片於 YouTube 中播放，並在節目下放置廣告以分享利潤，共創雙贏策略（李雨思，2009）。另一方面，Youtube 也宣告將來可能採取收費方式來提供影音分享。對於將來可能要以製作或行銷影音作品為主要行業的廣電系所學生來說，他們對於影音分享網站的態度如何？目前在台灣對於影音分享網站的學術研究卻不多見，因此，引發研究者想近一層了解這新興媒體對廣電系所學生的影響。

二、網路態度

學者 Tsai et al.（2001）明確地指出，高等教育學生的網路態度應視為他們網路識讀能力的構成要素。學生們的網路態度不但可能影響學生們使用網路的動機，甚至他們使用網路環境的興趣與行為。因此，在研究學生們在網路上的動機與行為時，研究他們的網路態度是必須的。相當多的研究也証實學生在網路上的學習與他們的網路態度相關（Shih & Gamon, 2001; Wu & Tsai, 2006）。然而，廣電系所的學生在影音分享網站的選用及行為上是否與他們對於網路的態度相關？研究者於 2008 年使用 Tsai et al.（2001）的網路態度問卷（Internet Attitude Scale, IAS），調查傳播學院的學生的網路態度。此問卷將學生的網路態度分為四個因素：對網路的有益度（Usefulness）、對網路的觀感（Affection）、對自已操控網路的程度（Control）、及自已的網路行為（Behavior）。分析後發現，雖然學生們對網路的態度都是相當正面，但並未出現顯著差異。此外，當時的問卷是採用原設計者 Selwyn（1997）的四點量表問卷，本次則採用 Wu & Tsai（2006）所建議的六點量表測試，以了解使用不同量表，學生對於網路態度是否會有差異。

三、創新傳佈理論

有關新科技的採用及消費者的行為研究，大多數學者都會採用 Rogers（1986, 1995）於 1962 年整合四百多個研究案例所提出的創新傳佈理論（李秀珠，2002）。此理論主要認為新科技的傳播與四個元素有關：（1）創新：Rogers（1995）分析出新科技被採用與新科技的創新特質及科技群集的兩個因素相關。其中，Rogers 認為新科技被採用，必須具有五種特質：相對利益（Relative advantage）、相容度（Compatibility）、複雜度（Complexity）、適用度（Triability）、及可觀察度（Observability）。而科技群集的意涵即代表如果目前科技與使用者之前所採用過的科技擁有類似的功能，則此新科技被接受的程度會比較高。同時，也有一些學者指出，當新科技已普及到一個程度時，可觀察度便不再是需要觀察的指標，因此，可依所研究的新媒介普及程度，決定所要觀察的特質項目（李秀珠，2002）。（2）傳播管道：Rogers 認為新科技被採用必須經由大眾或人際傳播管道傳達給個人，大眾傳播的主要效果為讓使用者快速知道新科技；而人際傳播的主要效果讓使用者有感同深受地認為新科技有採用的必要性。（3）時間：Rogers 將一般大眾對於新科技的採用速率分為五種類型：創新者（Innovators）、早期採用者（Early adopters）、早期跟進者（Early majority）、晚期跟進者（Late majority）。（4）社會制度：此部份含蓋了社會結構、社會規範、及意見領袖等。對於新科技的採用研究中，學者們也發現人口變項對於新科技的初期採用有顯著的關聯，例如性別、年齡、教育程度、社經地位及傳播行為（王國源，2004）。然而，Rogers（1995）也說明，當新科技的接受度已達到 50%，則人口變項便不具預測的能力。

本次研究的主要對象為廣電系所的學生，他們是屬於相似度較高的族群，因此，在教育程度、社經地位、及傳播行為的相似度較高，因此僅以性別及年齡做為研究上的參考，以了解是否與文獻有所差異。此外，目前影音分享網站在社會上的普及度也有目共睹，此研究主要是要了解廣電系所的學生對此項媒體的採用態度與行為，因此在新媒介的特質上，將只檢視前四項。

參、研究問題

經由文獻探討後，研究者發現影音分享網站在近年來不但廣受歡迎，也有一定的影響力，因此，是值得針對此新興媒體進行深入探討。文獻中也發現，有相當多的因素可能影響學生在網路上的參與或學習，如使用者的網路態度、創新傳佈理論等等。但是，這些因素是否影響傳播科系學生選用或上傳影音作品至影音分享網站則沒有定論。因此，本研究的研究問題可列出如下：

(一) 廣電系所學生選用或不選用影音分享網站上傳或分享的動機為何？

(二) 廣電系所學生選用或不選用影音分享網站上傳或分享的動機與他們對網路的態度是否有關聯？

(三) 廣電系所學生選用或不選用影音分享網站上傳或分享的動機與新科技的特質是否有關聯？

肆、研究方法

一、研究對象與方法

本研究以台北北部某大學的廣電系所學生做為研究母體，於2009 年 10 月 13 至 21 日實行紙本問卷調查。樣本以分層取樣方式，針對該系所學生大學部一至四年級，碩士班碩一及碩二，隨機於各年級選一必修課程施實紙本問卷，實施期間共取得 250 份有效問卷進入最後資料分析。

此次參與問卷的學生，在男女的比例上約為 3:7，是符合傳播學院學生的性別比例。年級的比例因採分層取樣，除碩士班學生的學生數較少外，其他年級的比例皆在 20%上下。將近 92%的受訪者擁有一個以上（含一個）的部落格，七成以上（74%）參加過網路虛擬社群的網站討論，約 68%的受訪者每週上網時數超過 11 小時以上，只有 2%的受訪者不上影音分享網站看影片，約有四成（43%）的受訪者每週看影音網站上的影片時數為 1 到 4 小時，將近有七成的受訪者（69%）曾經有上傳自行製作的影音作品至影音分享網站中。資料中也顯示絕大部份的受訪者是在家或宿舍上網。

二、研究工具

此次的研究是延續 2008 年的研究，除了想了解廣電系所學生是否選用或上傳影片至影音分享網站的動機外，也同時想要了解使用 Rogers（1986, 1995）的創新傳佈理論及學者 Tsai et al.（2001）所建議的六點量表的【網路態度問卷】(Internet Attitude Scale, IAS）是否會有不同的結果。因此，此次的問卷為研究者根據 Rogers 的理論所自行設計的【影音分享平台採用行為量表】，以及學者 Tsai et al. (2001)所建議的六點量表的【網路態度問卷】(Internet Attitude Scale, IAS）。

Tsai et al.（2001）的網路態度問卷原為 Selwyn（1997）網路態度問卷的修改版本，共有 32 題，分四個因素部份：認為網路的有益度（Usefulness）、對網路的觀感（Affection）、對自已操控網路的程度（Control）、及自已的網路行為（Behavior）。本問卷以 Tsai

所建議的六點量表檢測試（非常不同意、不同意、有點不同意、有點同意、同意、非常同意），以 1-6 的分數評分，反向題相反計分，因此，如果受訪者的分數愈高，代表對該項目的正向態度較高。本次研究共取得四個面向（Principle component 分析，使用 Varimax with Kaiser normalization 為旋轉因素的方法），及 21 個題目（四個面向各為 7，6，4，4 題），整體效度（Cronbach's α）＝0.91，四個面向的效度從 0.71 至 0.88。

【影音分享平台採用行為量表】之問卷為本研究針對文獻探討結果設計創新傳佈的問卷題目、內容主要針對影音分享網站的媒介特質（相對利益、相容度、複雜度、適用度）來設計。此部份問卷採用專家效度，由三位專家事先檢核問卷的效度，及利用前測十份問卷，使用 spss 應用程式統計分析去除不適合題目。此問卷一共有 23 題，包含 13 題使用 6 點量表（非常沒信心，沒信心，有信心，及非常有信心，分數設定為 1-6）及 10 題選擇題，因此，在量表部份，如果受訪者的分數愈高，代表對影音分享網站的接受度較高。本研究經由 spss 應用程式取得因素分析結果，共取得 10 題，四個面向（Principle component 分析，使用 Varimax with Kaiser normalization 為旋轉因素的方法），這四個面向分別是 4 題相對利益性及 2 題相容性，2 題複雜性及 2 題適合性。【影音分享平台採用行為量表】整體效度（Cronbach's α）＝0.7 因此，本研究所使用的研究工具應皆符合研究的效度。

三、分析方法

此研究主要採用量化研究，並配合問卷中的部份開放性問卷內容做三方檢測，以取得最符合研究對象所提供的問卷結果。研究統計分析將使用描述型統計、Pearson 積差相關係數分析、獨立 t 檢定、因素分析、及複選題分析的方式來分析問卷結果。在資料分析部份，本研究使用 SPSS 軟體第 13 版做為統計分析工具，並設定信心水準達 0.5 以上為達到顯著差異。

伍、資料分析

此研究主要在探討廣電系所學生對於影音分享網站的採用態度與行為是否與他們對網路的態度或新媒體的創新傳佈的特質有關聯。以下將針對研究問題做資料分析：

一、廣電系所學生選用或不選用影音分享網站上傳或分享的動機為何？

受訪者最常去的影音網站前三名為 YouTube（94%）、無名小站（69%）、及 Facebook（60%），比較有趣的事是，當以年級做細部區分時，發現大四以上的受訪者在排名上 Facebook 是在第二名，而無名是在第三名。前三名依序為該網站影音內容豐富（87%）、影音操作功能容易（61%）、及因為這個影音網站很有名（42%）。當他們選擇上傳影音作品，影音分享網站的選擇前三名依序是 YouTube（70%）、Facebook（12%）、及無名小站（11%）。而選擇該網站上傳的原因最重要的依序是該網站有名（20%）、該網站影音內容豐富（15%）、及影音操作功能容易（14%）。對於不選擇上傳影音作品至影音分享網站的受訪者來說，不上傳的主要原因前三名依序為影音網站的上傳操作很複雜（37%）、製作網路影音作品很困難（32%）、及周遭朋友不用這種方式分享（25%）。

二、廣電系所學生選用或不選用影音分享網站上傳或分享的動機與他們對網路的態度是否有關聯？

本研究使用將受訪者的網路態度依四個面向加總平均後，與受訪者選擇是否上傳影音作品至影音分享網站做 Pearson 積差相關係數分析及獨立 t 檢定，以了解他們的採用行為與他們對網路的態度是否有顯著關聯及差異。結果顯示只有與他們對網路的行為有顯著關聯及差異（詳見表一）。因此，當受訪者對自己的網路行為愈有信心時，他們願意上傳影音作品的動機就愈高。

表一　受訪者選用影音網站分享作品與他們對網路態度的關聯或差異

項目	上傳 (Mean, SD)	不上傳 (Mean, SD)	t 值	Pearson 相關係數
認為網路的有益度（Usefulness）	(4.96, .83)	(4.87, .9)	.679	.04
對網路的觀感（Affection）	(4.27, .89)	(4.22, .92)	.401	.03
對自已操控網路的程度（Control）	(4.68, .83)	(4.54, .92)	1.07	.07
自已的網路行為（Behavior）	(4.77, .98)	(4.37, 1.03)	2.53*	.16*

註：*代表達顯著值 0.05，**代表達顯著值 0.01

三、廣電系所學生選用或不選用影音分享網站上傳或分享的動機與新科技的特質是否有關聯？

本研究使用將新科技的特質依四個面向加總平均後，與受訪者選擇是否上傳影音作品至影音分享網站，做 Pearson 積差相關係數分析及獨立 t 檢定。結果顯示受訪者是否採用影音分享網站與新媒介的相對利益、及複雜度的特質有差異及正向關聯（詳見表二）。

表示當受訪者覺得媒介對他們愈有利及操作上愈簡單，則他們願意上傳的動機就愈高。

表二　受訪者選用影音網站分享作品與新科技的媒介特質是否有關聯或差異

項目	上傳 (Mean, SD)	不上傳 (Mean, SD)	t 值	Pearson 相關係數
相對利益（Relative advantage）	(4.52, .8)	(4.05, .88)	3.57**	.22**
相容度（Compatibility）	(4.07, .99)	(3.9, .96)	1.12	.07
複雜度（Complexity）	(3.42, .92)	(3.07, 1.04)	2.26*	.14*
適用度（Triability）	(4.45, .95)	(4.2, .99)	1.64	.1

註：*代表達顯著值 0.05，**代表達顯著值 0.01

陸、結論

一、研究發現及討論

本節由第四章的資料分析來探討研究問題的結果，根據研究問題所整理出來的資料分析及討論如下：

(一) 廣電系所學生選用或不選用影音分享網站上傳或分享的動機為何？

從受訪者的資料分析可以發現，廣電系所的學生對於影音分享網站的接受率相當高，相對於 Lin, Michko, Bonk, & Teng（2009）對 27 個國家的網友研究，只有 18%的人將自製的作品上傳，本研究的受訪者有將近七成曾經上傳作品至影音分享網站，另有 81%的受訪者願意上傳到影音分享網站。針對影音分享網站的採用，研究結果發現，學生們無論是在觀看或上傳影音作品至影音網站，YouTube 仍是第一個選擇，但值得注意的是，在去年的研究尚未出現的 Facebook，在今年的研究中已經出現在前三名，甚至以年級細分時，可以發現大四以上的同學甚至將之列為第二個選擇。當探討與人口變項的關聯，可能是因為廣電系同學上傳的比例偏高，在人口變項上無法出現顯著的差異性，這也支持文獻上 Roger（1995）所提出的論點。另外，在上傳的選擇上也可以發現，受訪者已將 Facebook 列為第二個選擇。當問及吸引的原因時，與本研究於 2008 年的結果是相同的，但在問及上傳的原因時，是該網站有名（20%）、該網站影音內容豐富（15%）、及影音操作功能容易（14%），這與之前的研究上的操作功能容易有所差異，有可能是影音分享網站的普及率愈來愈高，上傳的方式也愈來愈容易，因此，此部份已不是受訪者的最高考量。另外，目前影音分享網站與社群網站的推播功能愈來愈方便，以前會考慮的朋友是否上網站較多，在今日已不成為主要考量之一。在不上傳作品的原因方面，有趣的事是，以前列為第三名，覺得網站影音品質不好的選項，似乎因影音製作科技的進步，如 YouTube 可以提供高畫質影音節目，到今年的研究時，網路影音品質不好的選項已不是受訪者不上傳的原因了。

(二) 廣電系所學生選用或不選用影音分享網站上傳或分享的動機與他們對網路的態度是否有關聯？

從受訪者的資料分析中可以看出，雖然只有在網路行為上有顯著的相關與差異，但從各個面項的平均數也可以看出，上傳者的對此四個面向有愈正向的態度，願意上傳的動機就會比較高。另外，從行為面向顯著的結果來看，也可以發現，雖然現在網路介面或影音上傳介面愈來愈容易，如果受訪者覺得自己網路行為能力較低的話，對於上傳至影音分享網站的動機相對也會比較弱。

(三) 廣電系所學生選用或不選用影音分享網站上傳或分享的動機與新科技的特質是否有關聯？

從資料分析結果也可以看出，如果受訪者覺得新科技對他愈有幫助，且操作的複雜度較低的話，他們願意上傳的動機就比較高。雖然在相容度及適用度的面向並未達到顯著，然而，願意上傳的受訪者的分數仍是比不願意上傳的受訪者來的高，目前影音製作有相當程度的往數位化發展，因此，有可能造成在相容度或適用度上不易造成顯著的結果。另一方面，也有可能是廣電系學生上傳的比例偏高，與文獻中所 Roger(1995) 指出當新科技的接受度到 50%時，有一些面向是不具預測能力相關。

總之，從資料分析結果可以發現，廣電系所的學生對於影音分享網站的接受度相當高，也願意嘗試以這種方式將自己的作品曝光或宣傳。而近年來影音分享網站也開始尋求一個可以讓內容製作者可以獲利的機會。例如 YouTube 有打算分廣告紅利予內容製作者。因此，研究者相信在未來，影音分享網站對於廣電系所的學生或從業人員來說，應是利多於弊的。

二、研究限制與建議

本研究因時間、經費、及人力的限制，相關的研究限制及建議給下：

(一) 本研究僅以北部某大學的廣電系所學生做為研究對象，因此研究結果不宜類推至其他縣市或其他年齡層的研究結果。

(二) 今年的研究出現 Facebook 逐漸打敗無名小站，成為受訪者上傳作品的選擇之一，建議未來的研究者可以深入探討其原因及特色，以了解此社群網站為何可以在短時間攻佔一席之地。

參考書目

insightxplorer（2009），Aro 觀察：線上影音網站使用狀況，上網日期：2009，Oct. 15。檢自：http://news.ixresearch.com/？p＝541

王國源（2004），《臺灣地區數位有線電視早期使用者創新傳佈特質之研究》，國立中山大學傳播管理研究所碩士論文，未出版，高雄。

李秀珠（2002），《新傳播科技與媒體市場之經營管理》（7 冊），台北：財團法人廣播電視事業發展基金。

李秀珠（2004），〈台灣有線電視採用者及採用過程之研究：檢視有線電視早期傳佈及晚期傳佈之差異〉，《新聞學研究》，78，71-106。

李佳玲（2009），〈影音分享網站之選用動機研究——以傳播系所學生為例〉，《教學科技與媒體季刊》，89，4-19。

李雨思（2009），Youtube 擁抱時代華納谷歌多管齊下盼賺錢，Oct., 31, 2009，取自：http://big5.ce.cn/cysc/tech/07hlw/guoji/200910/30/t20091030_19829600.shtml

Bonk, C. J. (2008, March). Youtube anchors and enders: The use of shared online video content as a macrocontext for learning. Paper presented at the American Educational Research Association (AERA) 2008 Annual Meeting.

Chen, S. Y., & Paul, R. J. (2003). Editorial: Individual differences in web-based instruction - an overview. [Editorial]. British Journal of Educational Technology, 34(4), 385-392.

Grossman, L. (2006). Time's personal of the year: You. Time. Retrieved July 18, 2008 from http://www.time.com/time/printout/0,8816,1569514,00.html.

Kravitz, N. (2004). Teaching and learning with technology: Learning where to look. Lanham, Md.: ScarecrowEducation.

Lin, M.-F. G., Michko, G. M., Bonk, C. J., Bonk, A. J., & Teng, Y.-T. (2009). Survey research on motivational elements of youtube:Age and education matter. Paper presented at the AERA 2009 Annual Meeting. from http://www.publicationshare.com/AERA%20Proposal_YouTube-Motivation-Age-and-Education-Paper.doc

Pasche, F. (2008). Some methodological reflections about the study of religions on video sharing websites. Marburg Journal of Religion, 13(1), 1-10.

Radwanick, S. (2009). The comscore 2008 digital year in review: A recap of the year in u.S. Digital marketing. Retrieved Oct. 15 from http://www.comscore.com/layout/set/popup/request/Presentations/2009/2008_Digital_Year_in_Review_Request_PDF?req=slides&pre=The+2008+Digital+Year+in+Review

Rayburn, D. (2007). Streaming and digital media: Understanding the business and technology. MA: Elsevier.

Rogers, E. M. (1983). Diffusion f innovation (3rd ed.). New York: Free Press.

Rogers, E. M. (1986). Communication technology: The new media in society. New York: The Free Press.

Rogers, E. M. (1995). Diffusion of innovation (5nd ed.). New York: Free Press.

Selwyn, N. (1997). Students' attitudes toward computers: Validation of a computer attitude scale for 16–19 education. Computers & Education, 28(1), 35-41.

Shields, M. (2008a). Let's (not) make a deal with youtube. Retrieved June, 25, 2008 from http://www.mediaweek.com/mw/esearch/article_display.jsp?vnu_content_id＝1003708935

Shields, M. (2008b). Nielsen: Teens biggest users of online video. Retrieved June, 25, 2008 from http://www.mediaweek.com/mw/content_display/news/digital-downloads/metrics/e3i32a6c4ade2dd7b238403192b9ee8b8e0

Shih, C.-C., & Gamon, J. (2001). Web-based learning: Relationship among student motivation, attitudes, learning styles, and achievement. Journal of Agricultural Education, 42(4), 12-20.

Tsai, C.-C., Lin, S. S. J., & Tsai, M.-J. (2001). Developing an internet attitude scale for high school students. Computers & Education, 37(1), 41.

Wu, Y.-T., & Tsai, C.-C. (2006). University students' internet attitudes and internet self-efficacy: A study at three universities in taiwan. CyberPsychology & Behavior, 9(4), 441-450.

電視政治性談話節目的第三人效果

國立政治大學新聞研究所　盧俊穎

壹、研究動機與目的

台灣政治性談話節目眾多，每天晚間 7 點到 12 點，各電視新聞台紛紛播出如「大話新聞」、「2100 全民開講」、「新聞夜總會」、「頭家來開講」、「有話好說」、「張啟楷新聞現場」等一類的政治性談話節目。台灣的政治性談話節目自民國八零年代後，開始從地下電台、第四台等流行起來，提供大眾關心社會的方式，也讓政治人物有除了新聞之外的發聲機會，叩應更提供了民眾與政治人物、公眾人物對話的橋梁（彭芸，1999），對社會具有正面作用。

然而為了收視率以及知名度的炒作，政治性談話節目負面內容不斷出現，引起民眾對政治性談話節目的擔憂，例如對於一名老翁於自由廣場前抗議自焚的事件，老翁的鄰居即認為，老翁長期收看政治性談話節目的行為，和他激烈的自焚抗議行為有關。（王宏舜、施靜茹，2008.11.12）平面媒體也對電視政治性談話節目有所批評，例如聯合報社論就指出，政治性談話節目不當地對司法偵辦下指導棋（聯合報，2008.09.23），常在電視政治性談話節目出現的名嘴楊憲宏也承認，政治性談話節目確實有語言暴力的問題（林河名、林新輝、江聰明、江祥綾，2008.07.03）。

不少中研院院士更對政治性談話節目的爭吵謾罵感到不可思議（陳智華，2008.07.03），建議政府和各界正視台灣社會充滿語言暴力的現象。民意代表也對政治性談話節目持悲觀的態度，例如民進黨立委陳瑩呼籲大家拒看充斥語言暴力的電視（政治性談話）節目（林河名、林新輝、江聰明、江祥綾，2008.07.03）；也有立法委員表示，談話性節目讓政治人物擁有做秀的舞台（彭芸，1999b），可任其發揮；民進黨立院黨團也曾要求 NCC 介入管理政治性談話節目「天天開庭」指揮辦案的行為（陳俍任，2008.10.10）。

過去有關「政治性談話節目內容」的研究也發現，政治性談話節目裡出現的多為負面內容；政治性談話節目裡的政治人物、名嘴常常利用政治性談話節目表演，讓收視率上升，增加電視台的廣告收益。但是另一方面，政治人物為了提高知名度而演出唇槍舌戰，也會運用不當的言詞或是激化情緒的字眼（彭芸，1999a）。由上述種種資料可知，不管是市井小民，或是學者、政治人物等社會菁英，大多認為台灣政治性談話節目內容具有負面內容。

有鑒於此，本文想瞭解，「面對政治性談話節目充斥的台灣社會，台灣民眾是否會認為其他人比自己容易受到政治性談話節目的影響？若答案是肯定的，他們會採取什麼行動嗎？」這樣的研究取向來自「第三人效果」（the third-person effect）的假設。

第三人效果假說指出，人們傾向認為媒體訊息對他人的影響大過對自己的影響，而為因應可能發生的影響，人們會採取某些行動，像是預期新聞報導會影響其他股民買進或賣出某些股票，自己因此而買進或賣出某些股票（Davison, 1983）。

過去的第三人效果研究中，在人口變項方面，教育程度能有效預測第三人效果的認知（胡幼偉，1998；Salwen & Driscoll，1997）；在媒介使用方面，收看越多媒介負面內容者，第三人認知偏差會越小（Wei & Lo, 2002; Wei, Lo, & Lu, 2008）；在政治涉入度方面，先前研究指出，政治涉入度越高者，第三人效果認知也比較大（Davison, 1983；胡幼偉，1997）。因此，本文關注受眾的教育程度、媒介使用、政治涉入與第三人效果認知的關係。

Xu 和 Gonzenbach（2008）整理先前的第三人效果研究結果指出，近年的後續行為研究討論，只侷限在媒對介負面內容的審查限制（censorship）上。另外，第三人效果和除審查之外的後續行為間的關係結果也有分歧，有的研究結果顯示，第三人效果認知和後續行為意圖間有強烈關係，有的有部分關係或是沒有關係。而台灣的第三人效果研究較少涉及政治性談話節目的討論，對於第三人認知的後續的行動研究目前主要在於審查管制（羅文輝、牛隆光，2002；羅文輝，2000a）與資訊尋求面（Wei, Lo, & Lu, 2008），或是介入子女的電視收視行為（陳佳宜，2008），仍較少著重於「勸阻行為」（陳琪嫆，2006），亦即勸說他人減少收看政治性談話節目的頻率，故本研究在討論第三人效果的後續行為時，將加入「勸阻行為」。

因此，本研究依循上述研究動機，除了欲探討人們認為電視政治性談話節目對自己的影響程度，以及對他人的影響程度，是否有第三人認知之外，還嘗試釐清第三人效果和後續行為的關係，希望能讓第三人效果研究更加完整，也進一步了解媒介真正的效果。另外，由於受訪者認知的電視政治性談話節目是哪些節目，和本研究欲探究的問題較無關係，因此本研究並不區分節目，也未以某些節目舉例。

貳、文獻探討

一、第三人效果

學者 Davison 首先在 1983 年的第三人效果假說（the third-person effect）指出，人們會認為媒體訊息對他人的影響要比對自己的影響大。在認知層面，此假說包含三個概念：「第一人效果」（first-person effect），指自認媒體訊息對自己的影響；「第三人效果」（third-person effect）指媒體訊息對他人的影響；「第三人效果認知」（third-person perception），則是第三人效果和第一人效果的差距（羅文輝、牛隆光，2002）。另外，第三人效果的行為層面假設，人們在體認媒體訊息可能對他人的影響之後，為了保護社會上的其他人或是為了維護自我利益，人們會進一步採取某些行動，以避免他們所預期的影響發生。（Davison, 1983; Xu & Gonzenbach, 2008）。

至今的第三人效果認知研究大致可分為兩類，一類討論第三人效果認知是否存在、在甚麼情境下存在、有哪些因素會影響第三人認知的程度？這些討論都是把第三人效果做為依變項來討論；另一類探索第三人效果認知如何影響人們採取行動，把第三人效果認知是為自變項，像是影響人們支持審查管制（彭文正，2008）、資訊尋求或是其他行為。

在 Davison 提出第三人效果假說後，學者紛紛對第三人效果認知進行更周延的研究，一般來說，研究結果都支持了第三人效果認知的存在，即人們會傾向認為媒體訊息影響他人的效果會比影響自己的效果大。（林美雅、向倩儀、蔡維鴻，2005；胡幼偉，1997；羅文輝，2000a；羅文輝，2000b；羅文輝、牛隆光，2002；David & Johnson, 1998; Gunther, 1991; Gunther & Hwa, 1996; Wei & Lo, 2007; Wei, Lo, & Lu, 2007; Sun, Pan, & Shen, L, 2008; Wei, Lo, & Lu, 2008）另外，研究也顯示，媒介內容的負面程度越高，第三效果認知也會越強（羅文輝，2000b； Gunther & Hwa, 1996；Pan et al., 2008）。故本研究提出**假設一：人們會認為政治性談話節目內容對他人的影響較大，對自己的影響較小。**

二、人口變項（教育程度）與第三人效果

關於第三人效果的相關要素，在教育程度方面，教育程度高者，傾向認為自己比別人更擅於判斷社會現象，因此傾向認為他人較會受傳播內容影響。Salwen 和 Driscoll（1997）對辛普森審判報導的研究指出，教育程度越高者，第三人效果認知越大。也有研究結果顯示，高教育程度者較傾向認為，選舉民調報導對其他選民的影響要比對自己的影響來得大，也就是第三人效果認知較大（胡幼偉，1998）；但陳佳宜（2008）的研究指出，教育程度不同者，在認知收看電視的負面影響之第三人效果上沒有顯著差異，故本研究提出**假設二：教育程度越高的人，對政治性談話節目的第三人效果認知越強。**

三、媒介暴露與第三人效果認知

除了心理、社會因素之外，媒介暴露（使用行為）也會影響第三人效果。Lo 和 Wei（2002）指出，看越多網路色情的網路使用者，越會認為網路色情對自己和他人的影響就較小；在健康新聞的第三人效果研究理，學者也發現，受媒體暴露的程度越高，第一人和第三人效果認知差距會越小（Wei, Lo, & Lu, 2008）。人們收看的訊息內容的爭議性或負面程度越高，越可能產生行為意圖（Gunther, 1995; Hoffner et al., 1999）。雖然負面訊息較容易產生第三人效果認知，但是負面訊息看得越多，第三人效果認知差距反而會減少。例如學者曾指出，重度電視觀賞者比較不會對暴力有情緒反應，也比較不會關注暴力的有害效果（Donnerstein, Slaby, & Eron, 1994；轉引自 Hoffner et al., 1999: 731）。因此，常看政治性談話節目者，可

能認為政治性談話節目內容負面程度並不高，因此對自己和他人的影響都不大，第三人認知程度也就不高。因此，本研究提出**假設三：越常收看政治性談話節目者，第三人效果的認知越小。**

四、政治涉入度與第三人效果認知

Davison（1983）指出，人們對某訊息的主題有較深的涉入感時，會自認對該主題的瞭解深入，並且傾向認為自己擁有比其他人擁有更多的相關資訊，而認為其他人會比自己容易受到媒介相關議題報導的影響。Mutz 則（1989）指出，閱聽人對媒體的某項議題的涉入度越高，越認為該項內容主題重要，就越會傾向認為媒介內容會對他人產生顯著影響。台灣一項選舉新聞的研究也發現，涉入度越高的人從媒體得到的資訊就越多，也越常和人討論選舉議題，並且自認對選舉議題較為瞭解，對於選舉新聞的第三人效果認知也更強（胡幼偉，1997）。因此，個人對於訊息主題的涉入度，可能會影響第三人效果的認知程度，所以本研究假設政治涉入度較高的人，會較傾向尋求更多的政治資訊，並且增進他們自認對於政治議題的瞭解程度，而認為其他人擁有的政治議題資訊不如自己豐富，容易受到政治性談話節目內容影響。因此，本研究提出**假設四：政治涉入度越高，政治性談話節目的第三人效果認知越大。**

五、第三人效果與後續行為

過去人們以為審查管制是出於威權政府強加於大眾之上，但是人們會基於第三人效果認知，即害怕負面媒介內容對他人的影響，傷害了社會秩序、經濟穩定以及傳統的價值與道德，所以朝野一致有共識地要求政府管制（Gunther & Hwa, 1996）。

大部分對第三人效果行為面的研究指出，第三人認知使人們傾向支持限制（censorship）負面內容，但是除了限制，較少提到其他的第三人效果後續行為。Xu 和 Gonzenbach（2008）整理了先前的第三人效果行為面的研究發現，第三人認知的強度可以預測後續支持限制媒體負面訊息的行為，比較少有研究探討第三人效果認知和限制行為以外的其他行為之間的關係。而且在僅有的第三人效果與支持限制以外的行為的關係研究裡，第三人效果與行為意圖的關聯結果呈現分歧的結果，有的呈負相關——第三人效果認知會減少資訊尋求行為（Wei, Lo, & Lu, 2008），有的呈現高度正相關（Gunther & Storey, 1994），有的呈現部份或是中度相關（Tewksbury, Moy, & Weis, 2004），有的呈現無相關（Gunther, 1991）。故本研究提出**假設五：第三者效果認知越強，受訪者越會贊同限制政治性節目播出與勸阻他人收看。**

參、研究方法

一、研究架構

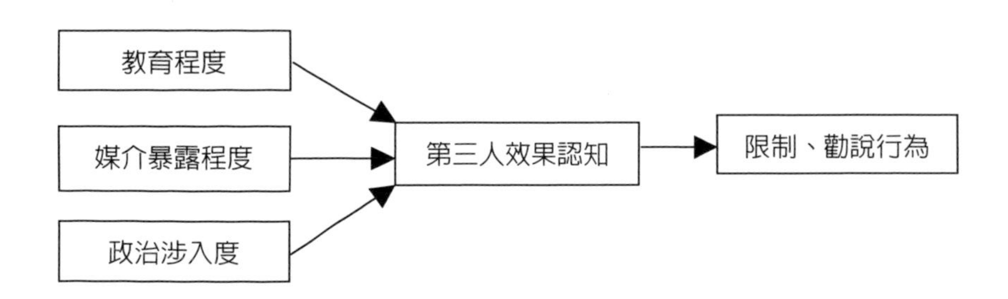

二、抽樣方法及問卷調查

本研究所採用的研究方法為問卷調查法，以便利抽樣（convenience sampling）方式以網路問卷進行資料蒐集，問卷全天放置於公開網路上（http://www.my3q.com），且在 BBS 的 PTT 四個討論版（研究所版、問卷版、政策版、政治版）張貼網址連結，並提供每位填答者微量虛擬貨幣（15P 批幣）作為填答回饋。問卷開放填答的時間為 2009 年 6 月 12 日至 6 月 17 日。總共回收 251 份問卷，在刪除重複 IP 位址者 9 份、具極端值問卷 15 份之後，有效問卷共計 227 份。

三、研究變項

本研究的研究變項包括媒介暴露、相關媒介（電視政治性談話節目）收視頻率、政治涉入、第三人效果認知、及後續行為，說明如下。

（一）媒介使用程度變項

媒介使用指受訪者收看電視、閱讀報紙的時間，共有四個題項：（1）您每星期有幾天收看電視；（2）您每星期有幾天閱讀報紙；（3）您平均每天花幾個小時收看電視；（4）您平均每天花幾個小時閱讀報紙。前 2 題的填答有 7 個選項，分別為 1 到 7 天；第三及第四題則利用開放受訪者填答平均每天收看電視及閱讀報紙的時數。計算媒介使用的方法，是把受訪者每星期使用這二類媒介的天數乘以使用時數。本研究以自尊、第三人效果與支持限制媒介研究（羅文輝、牛隆光，2002）的媒介使用作為量表參考。

（二）相關電視節目收視頻率

相關電視收視頻率指受訪者收視政治性談話節目的頻率，測量受訪者收視政治性談話節目的方法，是詢問受訪者是否經常收看政治性談話節目，由受訪者從（1）不看；（2）很少看；（3）偶爾看；（4）有些常看；（5）經常看；五個選項裡選擇一個答案。受訪者得分越高，表示越常收看政治性談話節目。本研究以自尊、第三人效果與支持限制媒介研究（羅文輝、牛隆光，2002）的媒介使用作為量表參考。

（三）政治涉入變項

本研究測量政治涉入感的方法是以瘦身廣告的第三人效果研究（林美雅等，2005）作為量表參考，以問卷詢問受訪者下列五個問題：1.您很關心政治議題。2.您常注意或收看電視上關於政治議題的廣告或節目。3.您常越讀與政治議題相關的書籍或雜誌。4.您會主動上網搜尋有關政治議題的資料。5.您常與他人討論有關政治的議題。受訪者回答的方式分為 1.非常不常。2.不常。3.無意見。4.偶爾。5.經常。

把受訪者在5個題項所得到的分數加總除以5(mean＝3.04, SD＝1.00，Cronbach's α＝0.857>0.80)。受訪者的得分越高，表示受訪者政治涉入的程度越高。詳細資料請見表一。

表一　政治涉入程度因素分析（主成分分析法，以 VariMax 轉軸）

題目	負荷量
主動上網搜尋或閱讀有關政治議題的資料	0.848
閱讀與政治議題相關的書籍或雜誌	0.844
注意或收看電視上關於政治議題的廣告或節目	0.800

關心政治議題	0.787
與人討論政治議題	0.705
特徵值	3.190
總解釋變異量	63.796
Cronbach's α	0.857

（四）第三人效果變項

本研究所採用的第三人效果變項分為：1.「對自己的不良影響」、2.「對其他人的不良影響」及 3.「第三人效果認知」三項。本研究以自尊、第三人效果與支持限制媒介研究（羅文輝、牛隆光，2002）作為量表參考。

「對自己的不良影響」是指政治性談話節目對自己可能產生的負面影響，此部份共分為四個題項：（1）會對您的道德觀念產生不良的影響；（2）會對您的價值觀念產生不良的影響；（3）會對您的態度產生不良的影響；（4）會對您的行為產生不良的影響。受訪者填答部分則採用 Likert 五點量表測量，選項包括：（1）一定不會；（2）可能不會；（3）不確定；（4）可能會；（5）一定會。

「對其他人的不良影響」是指政治性談話節目對其他人可能產生的負面影響，此部份共分為四個題項：（1）會對其他人的道德觀念產生不良的影響；（2）會對其他人的價值觀念產生不良的影響；（3）會對其他人的態度產生不良的影響；（4）會對其他人的行為產生不良的影響。受訪者填答部分則採用 Likert 五點量表測量，選項包括：（1）一定不會；（2）可能不會；（3）不確定；（4）可能會；（5）一定會。

本研究界定政治性談話節目對於自己和其它人的影響時，先建構出「政治性談話節目對自己的負面影響」(mean＝2.88, SD＝1.18, Cronbach's α＝.939)、「政治性談話節目對其他人的負面影響」(mean＝3.81, SD＝0.76, Cronbach's α＝.939) 兩個指標。每個指標的數值是把受訪者在各指標的四個題項（1）道德觀念、(2) 價值觀念、(3) 態度、(4) 行為的得分加總除以 4。受訪者的得分越高，表示受訪者認知的影響越大。

第三人效果認知是「對其他人的負面影響」和「對自己的負面影響」間的認知差距。計算方式是把受訪者在「對其他人的負面影響」上的得分減去受訪者在「對自己的負面影響」上的得分，兩者的差距越大，表示第三人效果認知強度越高。政治性談話節目負面影響的「第三人效果認知」平均數為.9218（SD＝1.15)。

表二　認知收看政治性談話節目

對自己與其他人的負面影響之因素分析（主成分分析法，以 VariMax 轉軸）

題項	對自己	對其他人
會對自己的道德觀念產生不良的影響	**.887**	.199
會對自己的價值觀念產生不良的影響	**.926**	.180
會對自己的態度產生不良的影響	**.927**	.176
會對自己的行為產生不良的影響	**.873**	.139
會對其他人的道德觀念產生不良的影響	.225	**.879**
會對其他人的價值觀念產生不良的影響	.181	**.915**
會對其他人的態度產生不良的影響	.158	**.916**
會對其他人的行為產生不良的影響	.134	**.902**
特徵值	4.646	2.132
解釋變異量	58.073	26.646
總解釋變異量	84.719	
Cronbach's α	.891	

（五）限制、勸說行為意圖

本研究修改自尊、第三人效果與支持限制媒介研究（羅文輝、牛隆光，2002）的支持限制媒介負面內容量表，增加兩個題項。對行為意圖的測量方式為分別詢問受訪者「如果台灣各界正在討論電視政治性談話節目對社會的不良影響，你會不會採取下列行動：1.簽名要求電視公司不要播出；2.打電話給電視公司要求不要播出；3.寫信給立委要求立法禁止播出；4.參加抗議活動；5.抵制不看；6.勸說親戚朋友不看；7.提醒親戚朋友政治性談話節目可能具有不良影響？」由受訪者從下列五個答案中選擇一個答案：1.一定不會；2.可能會；3.不確定；4.可能會；5.一定會。

經刪減後，本量表總共為 5 個因子，所能解釋的總變異量為86.618%，屬非常理想的狀況。

因此，本研究將受訪者在上述五個題項的得分加起來除以 5（mean＝2.89, SD＝1.00, Cronbach's α＝.853），受訪者的得分越高表示，其行為意圖越明顯。

表四　面對政治性談話節目影響行為意圖因素分析（刪除不良因子後）

題目	因素 1（要求電視公司禁播）	因素 2（勸說親友）
打電話給電視公司要求不要播出	**.924**	.199
寫信給立委要求立法禁止播出	**.887**	.224
簽名要求電視公司不要播出	**.862**	.195
提醒親戚朋友政治性談話節目可能具有不良影響	.181	**.939**
勸說親戚朋友不看	.251	**.918**
特徵值	2.480	1.851
平均變異數	49.594%	37.024%
平均變異數總合	86.618%	
Cronbach's α	0.853	

（六）人口變項

本研究採用的人口變項有性別、年齡及教育程度。性別分為男女兩類；年齡以 5 歲為間距，分別為（1）10 歲以下、（2）11-15 歲、（3）16-20 歲、（4）21-25 歲、（5）26-30 歲、（6）31-35 歲、（7）36-40 歲、（8）41-45 歲、（9）46-50 歲、（10）51-55 歲、（11）56-60 歲、（12）61-65 歲、（13）66-70 歲、（14）71 歲以上；教育程度分別為（1）不識字、（2）國小、（3）國中、初中、（4）高中、高職、（5）大專、大學、（6）研究所（含）以上。

肆、資料分析

一、研究樣本人口特徵描述

本研究採用次數分配方式，進行描述性統計歸納，依次整理 227 位受訪者的人口學背景，包括性別、年齡、教育程度。

（一）性別

統計結果顯示，在本研究的 227 有效樣本中，「男性」占 68.3%（N＝155），「女性」占 31.7%（N＝72），以男性居多。

（二）年齡

在年齡調查中顯示，受訪者的年齡範圍分佈從 16 歲到 55 歲，但絕大多數的年齡集中在 2 個年齡層：首先為「21 至 25 歲」者，占 65.6%（N＝149）；其次為「26 至 30 歲」者，占 23.3%（N＝53）。接下來依序為「16 至 20 歲者」，占 5.7%（N＝13）；「31 至歲 35 歲」

者，占 3.1%（N＝7）；「36 至 40 歲」及「41 歲至 45 歲」者同樣各占了 0.9%（N＝2）；最後為「51 至 55 歲」者，占 0.4%（N＝1）。

（三）教育程度

受訪者的教育程度顯示，受訪者的教育程度分布範圍從「高中、高職」至「研究所以上」，具「大專、大學」程度者最多，占 54.6%（N＝124），其次為「研究所以上」，占 44.5%（N＝101），最後為「高中、高職」者，占 0.9%（N＝2）。

二、假設驗證

本研究共提出四個研究假設，假設的驗證結果如下：

（一）假設一驗證

本研究的假設一**預測受訪者會認為政治性談話節目對於他人的負面影響較大，對於自己的影響較小**。此假設之考驗，首先考驗人們認知自己的影響與認知其他人的影響之間有無差異。表五呈現資料分析的結果顯示，人們認知政治性談話節目對自己的影響小於對其他人的影響（t＝-12.124，p<0.001），差異達統計上的顯著水準，亦即人們認知政治性政論節目對其他人的影響大過於對自己的影響，具第三人效果認知。因此，本研究的假設一獲得支持。

表五　第三人效果樣本檢定

	其他人 3.81 (0.764)
自己 2.88 (1.183)	-12.124***

註：第一個數值為平均數，括號內為標準差***p<0.001

（二）假設二驗證

本研究的假設二**預測教育程度越高者，對政治性談話節目的第三人效果認知越強**。為瞭解教育程度與第三人效果認知的相關性，本研究選擇以 Pearson 積差相關進行考驗，以瞭解教育程度與第三人效果認知之關聯性。根據 Pearson 積差相關分析發現，教育程度與第三人效果認知相關性達顯著水準，（$r=0.169$，$p=.011<.05$），亦即「教育程度」與「第三人效果認知」有關。

為檢驗政治性談話節目的第三人效果認知是否會因教育程度不同而有差異，本研究採 Oneway-ANOVA 分析法檢驗之。資料分析結果如表六所示，F 考驗值為 4.675（$p=.01$），表示政治性談話節目的第三人效果認知會因教育程度不同而有差異，教育程度越高者，政治性談話節目的第三人效果認知越強。因此，本研究假設二得到支持。

表六　教育程度與第三人效果認知 Oneway-ANOVA 檢定

	Mean	F
高中、高職	-.88 (.177)	4.675**
大學、大專	.80 (1.10)	
研究所以上	1.11 (1.17)	

註：1.**表示 p≦.01。2.括號內為標準差

（三）假設三驗證

本研究的假設三**預測越常收看政治性談話節目者，第三人效果認知越小**。為了驗證這個假設，首先以皮爾森積差相關分析（Pearson's r）檢測自變項教育程度、電視收看、報紙閱讀、政治性

談論節目收視頻率、政治涉入度、政治性談話節目對他人的負面影響認知、對自己的負面影響認知與依變項第三人效果認知的關係。表七結果顯示，「電視收視」(r=-.008, p>.05)、「報紙閱讀」(r=-.015, p>.05）與「政治性談話節目收視」（r=.055, p>.05）皆與第三人效果沒有關係。根據相關分析結果顯示，假設三並未受到支持。

表七　教育程度、媒介使用、相關媒介內容收視、政治涉入、負面影響認知與第三人效果認知的 Pearson's 積差相關分析表

	教育程度	電視收視	報紙閱讀	政治性談話節目收視	政治涉入	對自己的不良影響	對他人的不良影響	第三人效果認知
教育程度	1.000							
電視收視	.001	1.000						
報紙閱讀	.006	.052	1.000					
政治性談話節目收視	.086	.193**	.247**	1.000				
政治涉入	.129	.045	.224**	.549**	1.000			
對自己的不良影響	-.162*	.009	-.003	-.162*	.-070	1.000		
對其他人的不良影響	.002	.003	-.027	-.169*	-.105	.371	1.000	
第三人效果認知	.169*	-.008	-.015	.055	.002	-.785**	.283**	1.000

*p≦0.05；**p≦0.01

（四）假設四驗證

本研究的假設四**預測政治涉入度越高，受訪者對第三人效果認知越大**。為了驗證這個假設，先以皮爾森積差相關分析（Pearson's r）檢測自變項「政治涉入」與依變項「第三人效果認知」的相關

性。分析結果顯示，政治涉入與第三人效果未達統計上的相關性（r＝.002, p＝.973>.05）。因此，本研究的假設四並未受到支持。

（五）假設五驗證

本研究的假設五**預測第三者效果認知越強，受訪者越會贊同限制政治性節目播出與勸阻他人收看**。為了驗證這個假設，首先以皮爾森積差相關分析（Pearson's r）檢測自變項「對自己的負面影響認知」、「對其他人的負面影響認知」以及「第三人效果認知」與應變項「後續行為意圖」的關係。表八結果顯示，「第三人效果認知」與「對自己的負面影響認知」高度負相關（r＝-.785, p<.01）；「第三人效果認知」與「對他人的負面影響認知」相關（r＝.283, p<.01）；「對自己的負面影響認知」與「對其他人的負面影響認知」相關（r＝.371, p<.01）；「對自己的負面影響認知」與「限制、勸說行為意圖」相關（r＝.257, p<.01）；但是「第三人效果認知」與「限制、勸說行為意圖」無相關（r＝-.119, p>.05）。

表八　三人效果認知、對自己的負面影響認知、對他人的負面影響認知、限制、勸說行為意圖 Pearson's r 積差相關分析

	第三人效果認知	對自己的負面影響認知	對他人的負面影響認知	限制、勸說行為意圖
第三人效果認知	1.00			
對自己的負面影響認知	-.785**	1.00		
對他人的負面影響認知	.283**	.371**	1.00	
限制、勸說行為意圖	-.119	.257**	.219	1

*p≦0.05；**p≦0.01

以「第三人效果認知」、「對自己的負面影響認知」、「對他人的負面影響認知」為自變項，「限制、勸說行為意圖」為依變項，以

逐步迴歸分析分析之。分析結果如表九所示，在模式一被選入的獨立變項為「對自己的負面影響認知」，可以解釋 6.6%的「限制、勸說行為意圖」變異量（F(1,225)＝15.86, p<.001）；在模式二階段被選入的是「第三人效果認知」，該獨立變項可單獨解釋 1.8%的「限制、勸說行為意圖」變異量（F(2,224)＝10.21, p<.001），而總共可解釋 8.4%的變異量。「對自己的負面影響認知」是較有力的預測變項（β＝.425, p<.001），其次為「第三人效果認知」（β＝.215, p<.001）。迴歸分析結果顯示，「第三人效果認知」是預測限制、勸說行為意圖的顯著變項，本研究的第五個假設獲得支持。

表九　對自己負面影響的認知、第三人效果認知對限制勸說意圖之逐步迴歸分析

	限制、勸說意圖		
	模式一	模式二	
對自己負面影響的認知	.257***	.425***	
第三人效果認知		.215*	
Adjusted R^2	.066	.084	

*p≦0.05**p≦0.01***p≦0.001

伍、研究討論與限制

一、再度驗證第三人效果

本研究發現，人們認為政治性談話節目對自己的影響較小，對他人的影響較大，再度驗證第三人效果假設。本研究也發現，在人口特質對於第三人效果的影響方面，教育程度越高者，對於政治性

談話節目的第三人效果認知會越強。以上結果都支持了先前的研究發現。

二、政治涉入度與暴露度與第三人效果認知

在負面媒介內容暴露程度和第三人認知結果的關係方面，本研究發現，越常收看政治性談話節目者，第三人效果認知並未越小。對於此結果，可能如 Sun 等（2008）所指出的，受訪者越認為他人常看某媒介，就越會產生第三人效果認知，因此，和自己的媒介暴露度無關，暴露程度越高，第三人效果認知不會越小。

在涉入度對第三人效果認知的影響方面，林美雅等（2005）對瘦身廣告的研究發現，對瘦身議題涉入度越深者，第三人效果認知較小，反而產生了「顛倒的第三人效果」（reversed third-person effect）。本研究也有類似的發現，政治涉入度越高者，並沒有比較強的第三人效果認知。

三、第三人效果的後續行為面向

在第三人效果認知與後續的行為意圖關係方面，之前的研究也有分歧的結論（Xu & Gonzenbach, 2008）。本研究結果支持了「第三人效果認知可以預測後續的行為意圖」，指出第三者效果認知越強者，會越贊同限制政治性談話節目播出或勸阻他人收看政治性談話節目。

Xu 和 Gonzenbach（2008）指出，近年來的第三人效果研究，多集中在管制面（censorship），因此，在第三人效果的後續行為方面，本研究在傳統的「支持限制負面內容」、「資訊尋求」之外，嘗試新的「提醒親友媒介負面內容的危險」以及「勸說親友不看負面

媒介內容」兩個面向。台灣的時空背景特殊，未來的研究也可以結合社會距離的概念，在第三人效果因素層面，以政黨傾向做為社會距離變項測量，以更豐富第三人效果認知層面研究。Sun 等（2008）更指出，除了以不同的媒介形式、內容及參考他群（referent others）來研究之外，還必須理清楚個人、媒介內容、和目標他群（target referents）間的關係，指出目標他群和媒體訊息的特性，才能使第三人效果研究更精進。

四、問卷題項設計及抽樣樣本的偏差

由於本研究以線上問卷蒐集資料，因此填答者皆具備基本識讀能力。故在「教育程度」的回答選項上，將「不識字」刪去較為恰當。

填答者屬問卷網站或是 BBS 站使用者族群，導致抽取的樣本教育程度偏向大學生及研究生，年齡則以 21 至 25 歲、16-20 歲為主；另外，填答者的性別以男性為多，可能是因為政治議題（政治性談話節目）較容易引起男性受訪者的興趣，較少女性有興趣填答。最後，本研究以網路問卷便利抽樣徵求受訪者，具有未隨機抽樣的統計疑慮，未來可使用分層群集抽樣法抽樣。

參考書目

王宏舜、施靜茹（2008.11.12），〈老翁自焚抗議嚇壞野草莓學生〉，《Upaper》，第 3 版。
林河名、林新輝、江聰明、江祥綾（2008.07.03），〈名嘴秀過頭　製作人也難過　消弭言語暴力這麼難嗎？立委：與其指責我們不如全民道德重整〉，《聯合報》，A2 版。
林美雅、向倩儀、蔡維鴻（2005），〈瘦身廣告的第三人效果〉，「二〇〇五年中華傳播學會研討會」論文。台北，木柵。
胡幼偉（1997），〈選舉新聞的第三者效果〉，「一九九七年中華傳播學會研討會」論文。台北，木柵。
胡幼偉（1998），〈選舉民調第三者效果的因果分析〉，「一九九八年中華傳播學會研討會」論文。台北，木柵。
陳俍任（2008.10.10），〈「名嘴天天開庭」綠委：NCC 放任〉，《聯合報》，A2 版。
陳智華（2008.07.03），〈名嘴民代言語暴力院士訝異〉，《聯合報》，A1 版。
陳琪嫆（2006），〈負面網路交友新聞的第三人效果影響——以朱木炎新聞為例〉，「二〇〇五年中華傳播學會研討會」論文。台北，木柵。
彭文正（2007），〈第三人效果的理解與疑惑〉，《中華傳播學刊》，12：3-52。
彭芸（1999），〈談話性政治（II）：立法委員如何評估談話性節目〉，「一九九九年中華傳播學會研討會」論文。台北，木柵。
彭芸（1999），〈談話性節目（I）：誰參加談話性節目？誰當選？），「一九九九年中華傳播學會研討會」論文。台北，木柵。
劉必榮（2008.04.30），〈為劉兆玄舖路？箝制言論自由？上政論節目東吳限制每月四次〉，《聯合晚報》，A7 版。
戴定國（2008.05.02），〈限制上電視是教育問題〉，《聯合報》，A23 版。
聯合報（2008.09.23），〈讓在其位者認真做事〉，《聯合報》，A2 版。
羅文輝(2000)，〈媒介負面內容與社會距離對第三者效果認知的影響〉，《新聞學研究》，65：95-129。台北：國立政治大學新聞研究所。

羅文輝（2000），〈性策略理論、性別、第三者效果與支持限制色情媒介〉，《新聞學研究》，63：201-222。台北：國立政治大學新聞研究所。

羅文輝、牛隆光（2002），〈自尊、第三人效果與支持限制媒介〉，「二〇〇二年中華傳播學會研討會」論文。台北，木柵。

David, P., & Johnson, M. A. (1998). The role of self in third-person effects about body image. *Journal of Communication, 48*(4), 37-58.

Davison, W. P. (1983). The third-person effect in communication. *Public Opinion Quarterly, 47*(1), 1-15.

Gunther, A. (1991). What we think others think: Cause and consequence in the third-person effect. *Communication Research, 18*(3), 355-372.

Gunther, A., & Hwa, A. P. (1996). Public perceptions of television influence and opinion about censorship in Singapore. *International Journal of Public Opinion Research, 8*(3), 248-265.

Gunther, A., & Storey, J. D. (2003). The influence of presumed influence. *Journal of Communication, 53*(2), 199-389.

Hoffner, C., Buchanan, M., Anderson, J. D., Hubbs, L. A., Kamigaki, S. K., Kowalczyk, L., et al. (1999). Support for censorship of television violence: the role of the third-person effect and news exposure. *Communication Research, 26*(6), 726-742.

Lo, V-H., & Wei, R. (2002). Third-person effect, gender, and pornography on the internet. *Journal of Broadcasting & Electronic Media, 46*(1), 13-33.

Salwen, M., & Driscoll, P. (1997). Consequences of third-person perception in support of press restrictions in the O.J. Simpson trial. *Journal of Communication, 47*(2), 60-78.

Sun, Y., Pan, Z., & Shen, L. (2008). understanding the third-person perception: evidence from a meta-analysis. *Journal of communication, 58*, 280-300.

Tewksbury, D., Moy, P., & Weis, D. S. (2004). Preparation for Y2K: Revisiting the behavioral component of the third-person effect. *Journal of Communication, 54*(1), 138-155.

Wei, R. & Lo, V-H. (2007). The *third-person effects of political attack ads in the 2004 U.S. presidential election. Media Psychology, 9*(2), 367-388.

Wei, R., Lo, V-H., & Lu, H-Y. (2007). Reconsidering the relationship between the third-person perception and optimistic bias. *Communication Research, 34*(6), 665-684.

Wei, R., Lo, V-H., & Lu, H-Y. (2008). Third-person effects of health news: Exploring the relationships among media exposure, presumed media influence, and behavioral intentions. *American Behavioral Scientist, 52*(2), 261-277.

Xu, F. & Gonzenbach, F. (2008). Does a perceptual discrepancy lead to action? A meta-analysis of the behavioral component of the third-person effect. *International Journal of Public Opinion Research, 20*(3), 375-385.

政府宣導節能減碳傳播效能之探討

——以優仕網受訪民眾為例

世新大學廣播電視電影學系副教授　蔡美瑛
世新大學廣播電視電影學系業界教師　馬耀祖

壹、前言

進入廿一世紀的人類，面臨的最大隱憂中，無疑地，「能源短缺」及「環保意識」是影響層面最為深廣、並被視為當前最迫切的議題。從影響的深廣面而論，不僅是因為能源與環保議題，攸關著人類和其他生物彼此的生存與互動，它也對人類文明的存續興衰，起著絕對性的作用。從問題的迫切性來看，能源問題已然是牽動全球各國經濟發展與國際政治情勢的一根末梢神經，敏感而脆弱，其間之危機誠為世人之共同隱憂。且環保問題與能源問題往往發展為一種「相生相剋」的關係，亦即，能源與環保其實是一體兩面，彼此交構而互為因果（劉兆玄，2001；王革華，2008）。

欲鬆解能源所引發之危機，落實「節約能源」是最根本的有效策略，呼應此一訴求的顯例，就是馬政府上任以來即積極高喊推動的「節能減碳」運動。然而，能源（包括新能源與節能減碳）做為一個社會性科學議題，不僅在於它是當代被關注的全球性熱點，它也與一般民眾的切身生活息息相關。而能源（科技）做為一個公共政策，它與公眾的認知與行動之間，尚存在著一些「傳播」門檻。易言之，這些相關政策的資訊及作法的推動與落實，除了需要公部門在宣傳策略上的妥善制定，更需善用各種媒體管道及操作方式，大力宣導，有效說服，才能落實預期設定的能源政策目標。

從科技或科學傳播的觀點，國內關於能源議題政策之宣導，多偏重於議題內容本身的探討，在閱聽人研究方面比較少著墨，因此，針對能源議題政策的宣導，其傳播效果方面的研究相對較為缺乏。因而本研究嘗試以閱聽人的一些屬性指標，包括科學素質、新環境典範以及涉入程度等變項，檢測節能減探政策的傳播效能。本研究結果當可提供政府相關部門或研究者，關於不同屬性的民眾對於「節能減碳」政策的認知、態度或行為上的效果反映。此外，本研究可以側探我國科普傳播及能源（科技）教育之成效，以及民眾所持的環境態度為何。

綜言之，本研究之目的在於探討「節能減碳」政策宣導的傳播效果，內涵則是以民眾的科學素養、新環境典範態度及涉入程度等個人屬性，探討其與傳播效果是否存在關聯。本研究關注的問題大致可歸納為幾點：(1) 政府的節能減碳政策宣傳民眾的認知情形如何？(2)「科學素養」、「新環境典範」指標與宣傳效果之間有何關聯？(3)「涉入程度」與宣傳效果之間的關係為何？

貳、文獻探討

一、「節能減碳」政策的全球發展背景

（一）全球能源問題新挑戰

當前全球能源面臨的新挑戰，包括全球能源需求將持續成長、到 2030 年仍仰賴化石能源供應、全球能源安全的威脅逐步擴張，

石油供需與價格不穩、以及備受全球關切之能源環境影響等課題（能源科技研究發展白皮書，2007）。各國政府亦均檢討如何加強能源政策，以期改變能源和排放的趨勢。國內情況亦然，我國能源供給也呈現增加的趨勢，平均年成長率約 5.98%；然自有能源相當貧乏，高達 99.32%的能源都需仰賴進口（簡慧貞，2008）。

（二）全球暖化及京都議定書

全球暖化指的是在一段時間中，地球的大氣和海洋溫度上升的現象（邱碧婷，2007），而此現象的肇因，主要是指人為因素造成的溫度上升，最大「元兇」乃是由於溫室氣體排放過多造成的。在 20 世紀，全球平均接近地面的大氣層溫度上升了攝氏 0.6 度，科學界認為過去五十年可觀察的氣候改變，很可能是由人類活動所導致。其中二氧化碳和其他溫室氣體的含量不斷增加，正是全球變暖的人為因素中主要部分。

2007 年『氣候變化綱要公約』第 13 屆締約國大會（COP13）及東京議定書生效之第三次締約國會議（MOP3），通過了所謂的「峇里島路線圖」（Bali Road Map），規劃 2009 年底訂出新的協定以取代《京都議定書》，為 2012 年第一期承諾期後的行動架構，確立了明確的時程。此外，2008 年 3 月於泰國曼谷舉行「氣候變遷對話」，進行討論的包括，京都議定書第二承諾期、「特設工作小組」未來工作之規畫、彈性機制、部門別減量等等議題。此會議旨在整合意見，提出一致的議定結果，於 2009 年底召開的 COP15／CMP5 會議中提出草案（李堅明，2008；周淑婉，2008）。曼谷會議對話強調，各國應致力於控制全球 2℃的增溫幅度，以及維持 CO_2 濃度在 450ppm 以下。

台灣於 2005 年時燃料燃燒二氧化碳的排放量高達 261.28 佰萬噸，當時佔全球的 0.96%，全世界排行為第 22 名（行政院環保署網站資料），其影響的程度不低於京都議定書所規範的其他國家。雖然國際的地位特殊，我國無法參與國際相關的事務，但在後京都時期到來前，如我國無法達到一定之成效，面對不確定性的國際情勢變化，必對我國的國際形象及整體發展，產生不小的衝擊。

（三）新環境典範之意義

「新環境典範」（New Environmental Paradigm, NEP）乃是相對於「主流社會典範」提出的新概念，主要是環境保護主義者透過環境保護運動所強調的（Dunlap & Van Liere, 1978; Milbrath, 1984）。其發展背景乃因自然環境逐漸受到摧殘，各種環境污染事件已深深危害到生命與生活品質，使人們對環境問題有所警覺，須重新思考人與自然的關係，界定科技的價值與經濟發展的意義，於是一種完全不同於主流社會典範的新環境態度及信念逐漸形成（Dunlap & Liere，1978；李傑沛，1998；陳敬中，2004）。該典範主張包括：人類應該限制成長、保持自然界的平衡、拋棄人類中心的觀點、不再視自然的存在只為了供給人類利用、使經濟達穩定平衡狀態及強調地球太空船等觀念（田育芬等，2007）。

二、科學素養

「公民科學素養」（Civic Science Literacy）是 1975 年由美國賓州大學物理教授 Benjamin S. P. Shen 首先提出，它指的是公民在決定公眾事務時，所應瞭解的科學知識與方法（潘震澤，2009）。學者靳知勤（2002a）則表示，一般民眾在科技社會中所具備的相關知識與能力，可以通稱為「科學素養」。James Trefil（1996）把科學素養視為，「如果一個人有足夠的科學背景，以應付其日常生活中所涉事物的科學成份，則他或她就具備科學素養」（轉引自：劉華傑，2008）。

目前有關科學素養的測量發展已相當成熟。靳知勤（2002）以英文版量表為基礎，藉由回溯翻譯建立中文版問卷，該問卷亦具有良好的信度，大多數的分量表（除地球與太空科學外）皆有高於0.8 的信度。此問卷包括有：（1）地球與太空科學；（2）科學本質部分；（3）生命科學；（4）科學、技學與社會；（5）物質科學；（6）健康科學等六大面向。本研究關於「科學素養」之測量，即摘選自該中文版的問卷。

三、傳播效果研究

（一）宣傳與說服

說服傳播是人們有意圖的一種行為，在說服行為當中，經常是彼此互相影響的。說服傳播也牽涉到行為的反應。Bettinghaus（1977）認為「說服性傳播」與「一般性傳播」最大的差別在於，「一般性傳播」通常只限於告知，屬於「告知性」（informing）傳播行為；而「說服性傳播」則把傳播者的意圖和目的，融合在訊息內容中，希望使傳播對象能順其旨意，產生某種特定的反應。也因為說服性傳播具有前述的特質，所以對效果問題特別講求（李玲玲，1992）。

當前說服傳播研究的新發展，其重點在於強調說服是一種過程。綜合當代的這些理論或模式，可以歸納出它們共同的特徵：（1）把態度改變或說服視為一種歷經多個階段、持續進行的過程；（2）強調認知或資訊處理；（3）與過去的「說服」或「態度改變」等概念相較，賦予閱聽人更為主動的角色，認為閱聽人是資訊處理的行為主體（彭懷恩編，2007）。

（二）涉入程度

早期 Sherif 和 Cantril（1947）即已提出「自我涉入」（ego involvement）的概念，認為一個人對某事件的自我涉入越深，其能接受相反意見的空間越小；而對於與自己相同的意見，自我涉入深的人，不但會接受，甚至會擴大它的解釋。此後，Krugman（1965）進行「低涉入的消費行為」研究，探討涉入概念與電視廣告效果的關係，並指出消費者在受到廣告影響時，會有兩種不同的反應：低涉入者較不易聯想到廣告內容，高涉入者則較易聯想到廣告內容（李榮華，2006）。

此外，Zaichkowsky（1994）在參考文獻及專家的意見後，共選出 168 對能代表涉入的相對形容詞。經過效度的檢驗，最後發展出一套包含 10 題語意差異的涉入衡量量表，這些項目的總分就是涉入分數。Zaichkowsky 使用語意差異量呈現，目的在獲得量表的普遍性，使其不會因為產品的特性而受到影響。優點是受測進行相當簡單，統計時以加總計分亦相當容易；此外，製作過程單純而且容易將所欲衡量的事物或特質以問題的方式表達出來。在研究涉入的衡量上，此方法廣為各界所使用（田治平，2006）。

四、傳播效果：認知、態度及行為

（一）傳播與認知效果

傳播中的「認知效果」是閱聽人對訊息的表層反應，為其對訊息的接受與分享。一般而言，認知性反應具有之特點為：第一是原始性，即閱聽人看（聽）到什麼就是什麼，完全保持了訊息的原始狀態；第二是直感性，即憑藉直接的心理感受，對訊息內容進行分析判斷；第三是差異性，由於各人的經驗、興趣或判斷力不同，對同一事物的認知往往不一致，且可能發生很大的偏差（周慶山，2004；p.194）。近年來，傳播效果研究的重心有所轉移，McLeod、Becker 及 Byrnes（1974）即曾表示，傳播效果研究的相關理論三個重要發展趨勢之一，就是從改變閱聽人態度和行為的說服傳播，轉為探究傳播媒體對閱聽人的「認知」改變之效果（林東泰，1997；轉引自：傳播與社會，1999，p.194）。

（二）傳播與態度效果

傳播者在傳播活動中最普遍的意圖，即是影響閱聽人的「態度」，甚至說服閱聽人接受傳播訊息的觀點與建議（錢玉芬，2007）。觀察「態度效果」就是觀察閱聽人在接收訊息後，他們態度上發生的變化。在個人的轉變上來看，傳播的「態度效果」通常表現為：把否定的態度轉變為肯定的態度，變消極的態度為積極的態度，變錯誤的態度為正確的態度，或是培養與維持肯定的、積極的、正確的態度（周慶山，2004；p.195）。

（三）傳播與行為效果

傳播的行為效果指的是，閱聽人在接收到訊息後，其行為所發生的變化。一般而言，傳播的行為效果是建立在認知效果、情感效果和態度效果等基礎之上的。只有認識和理解了傳播者發送的訊息內容，產生了情感或態度的轉化，才可能導致行為效果的產生（李金銓，1990）。

參、研究方法

一、研究架構

本研究探討政府宣導節能減碳政策的傳播效果。首先，以「科學素養」、「新環境典範」、「涉入程度」等指標，分析其與各傳播效果間之關聯；次者，探討不同人口屬性特質與中介變項之關聯性，並分析其與各傳播效果間之差異。研究之架構如圖 3-1 所示：

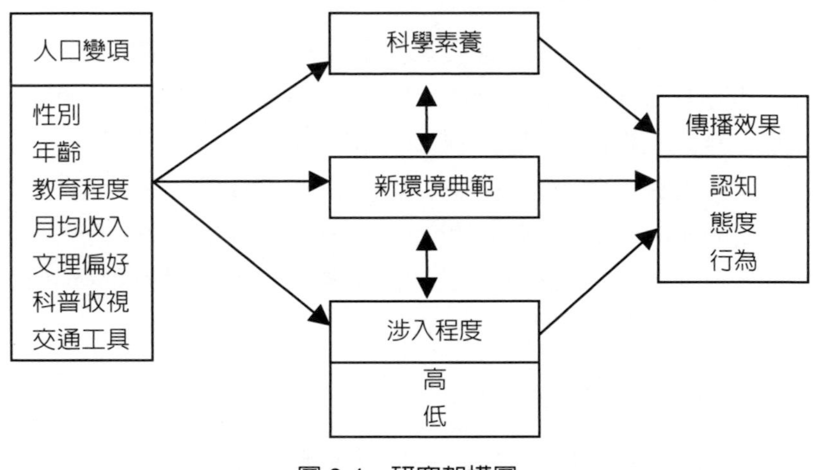

圖 3-1　研究架構圖

二、抽樣與調查

本研究採網路問卷調查進行，以《優仕網》社群的會員為抽樣調查對象，為避免同一使用者以多個 ID 重複填答，規定受測者只限於優仕網之正式會員。受訪的網路填答者屬自願樣本，本研究之抽樣為非隨機樣本。正式抽樣訪問時間，自 2009 年 3 月 28 日至 2009 年 4 月 30 日止。

三、變數及問卷設計

本研究以「科學素養」、「新環境典範」及「涉入程度」等指標為中介變項：

(1) 「科學素養」量表：靳知勤（2002）以美國科學發展協會英文版問卷為基礎，進行效化，含科學本質、科學知識及科技對社會之影響等構面。本研究以中文版的問卷為藍本並減化題數到十二個題項，以是非題施測；總得分越高者，代表科學素養程度越高。

(2) 「新環境典範」：採用 Dunlap and Van Liere（1978）「新環境典範量表」以探知對整體自然環境的環境態度，包含自然界的平衡、成長的限制及人定勝天等概念。該問卷計有十二個題項，用 Likert 六點量表，分數由 1 到 6，分數越高代表受測者新環境典範指標越高。

(3) 「涉入程度」：根據 Zaichkowsky 的量表簡化為六個題項，包括：「重要的」、「無趣的」、「很大意義的」、「吸引人的」、「沒有價值的」及「想依它實行的」等，以語意量表計算，分數由 1 到 6，分數越高代表受測者對於節能減碳廣告的涉入程度越高。

本研究之依變項，包括「認知效果」、「態度效果」及「行為效果」等：

(1) 認知效果：「政策認知程度」指的是，受測者對於目前政府正在或已經推動的節能減碳政策，其知悉或瞭解的程度。問卷有五項節能減碳相關之政策：是否知道政府已把「節能減碳」列為最重要的施政項目之一？是否知道政府宣佈將在住與行兩方面推動改革，促使國人改變交通與居家的習慣？是否知道政府推動全民實踐「節能減碳十大無悔措施」？是否知道購置節能標章的產品，政府將予以補助？是否知道只要單期用電和前一年相比維持零或負成長者，最高可享 8 折優惠？等五項政策。

(2) 態度效果：本研究「各項政策態度」變項指的是，對於目前政府正在或已經推動的節能減碳相關政策及措施，受測者的支持程度。態度效果測度之量表，共有七個題項，皆政府欲推動之相關政策，包括：將推廣可抽換電池的電動機車，在 4 年內達到 10 萬輛、將在全國 25 個縣市興建腳踏車道，推廣民眾使用腳踏車、將推動全面改用省電燈泡，全國則要在四年內完全、將推廣太陽能熱水器，在四年內增加 14 萬的用戶、規劃擴大推動綠建築，增加建築物能源使用的效率、將規劃把核能作為無碳能源的選擇之一，以及將規劃於未來適當時間實施「能源稅」等七項政策。採用 Likert 量表，分數由 1 到 6，分數越高代表受測者對於該項政策的支持程度越高。

(3) 行為效果：「行為表現程度」變項指的是在節能減碳相關的生活行動上，受測者實踐力行的程度。包括：是否對交通工具使用產生影響？是否做到「資源分類與回收」？是否做到「自備環保餐具」？是否做到「隨手關燈關機、拔插頭」？是否做到「冷氣調高 1℃或調在 26～28℃」？是否做到選購家電時認明「節能標章」產品？是否做到「換裝省電燈泡」？等七項具體行為。題組選項為：「沒有做到」、「偶而做到」、「經常做到」及「完全做到」。

本研究的人口變項，則包括「性別」、「年齡」、「教育程度」、「月均收入」、「文理偏好」、「科普收視」及「交通工具」等七項。

四、資料分析方法

本研究以 SPSS 統計軟體進行各項分析；主要使用的統計方法包括：敘述性統計（次數分配、百分比、平均數、標準差等）和推論性統計（卡方檢定、T 檢定、ANOVA 分析等）。

肆、研究資料分析

本研究網路問卷總計回收 1634 份，有效為 1117 份。樣本結構上，「女性」比例為 54.9%，「男性」45.1%。年齡 30 歲以下者，佔總體比例七成以上，以「21～25 歲」最多（31.6%）。教育程度以「大專院校」比例最高（60.3%）。偏好「文史哲、藝術類」學科者，超過五成（51.0%），偏好「理化工數醫類」者為 25.9%。科普節目收視則超過五成（53.9%）的受測者，每週平均收看「1～2 天」，有高達將近三成（28.0%）「幾乎不看」電視的科普節目。

經統計分析後，可歸納人口變項、中介變項與傳播效果（認知、態度及行為）結果為：

(1) 科學素養與傳播效果：本研究將受測者之「科學素養」分為低中高三組，和各項傳播效果進行單因數變異數（ANOVA）分析。在組別的劃分中，一般常用的方法，是將得分的前 25%～33%為高分組，得分的後 25%～33%為低分組，中間的 34%～50%則為中分組（吳明隆、塗金堂，2007）。本研究採取前後的 27%，做為劃分的標準。分析顯示，科學素養「高分組」對「各項政策態度」（即對於節能減碳政策的支持程度）顯著的高於「低分組」（參考表 4-1）。

(2) 新環境典範與傳播效果：新環境典範指標「高分組」及「中分組」的「各項政策態度」均顯著的高於「低分組」。此外，新環境典範指標「高分組」的「行為表現程度」也顯著的高於「低分組」（參考表 4-2）。根據文獻，新環境典範指標越高者，環保意識也越高，故研究者推測，這可能表示新環境典範指標較高的受測者，對於節能減碳相關政策持有較高的正面態度，而且在行為上也有較高的實際行動。

(3) 涉入程度與傳播效果：涉入程度「中分組」在「政策認知程度」上顯著的高於「低分組」，「高分組」亦顯著高於「中分組」及「低分組」。涉入程度「中分組」在「各項政策態度」上顯著高於「低分組」，「高分組」亦皆顯著的高於「中分組」及「低分組」。涉入程度「中分組」對於「行為表現程度」顯著高於「低分組」，「高分組」顯著的高於「中分組」及「低分組」（參考表 4-3）。綜合以上分析，研究對象對於節能減碳廣告訊息的涉入程度越高，在認知、態度及行為表現的程度也越高。

(4) 性別與科學素養、涉入程度：男女與科學素養程度存在明顯的差異，男性的科學素養得分，明顯高於女性。女性的涉入程度，明顯地高於男性。

(5) 科普節目收視與科學素養：科普節目收視「每週平均 1～2 天」者，其「科學素養」顯著高於「幾乎不看」者；而「每週平均 3 天以上」者，其「科學素養」也顯著的高於「幾乎不看」者。此表示，科普節目收視頻次越高，其科學素養程度較高。

表 4-1 不同科學素養程度在各傳播效果的平均值及 ANOVA 變異數分析及 Scheffe 多重比較

組別 平均數 傳播效果	低分組 (N＝ 412)	中分組 (N＝ 315)	高分組 (N＝ 387)	F 値	P 値	Scheffe's Test		
						(1,2)	(1,3)	(2,3)
各項政策態度	31.32	32.17	32.70	5.835	.003		*	

1.註：「＊」表示在 α＝0.001 的顯著水準下，有顯著差異。

2.註：此處為六點量表，分數越高表示越同意檢測問題之陳述。

3.註：1-代表「低分組」; 2-代表「中分組」; 3-代表「高分組」。

表 4-2 不同新環境典範指標在各傳播效果的平均值及 ANOVA 變異數分析及 Scheffe 多重比較

組別 平均數 傳播效果	低分組 (N＝ 412)	中分組 (N＝ 315)	高分組 (N＝ 387)	F 値	P 値	Scheffe's Test		
						(1,2)	(1,3)	(2,3)
各項政策態度	30.44	32.46	33.05	19.019	.000	*	*	
行為表現程度	18.97	19.31	19.78	4.205	.015		*	

1.註：「＊」表示在 α＝0.001 的顯著水準下，有顯著差異。

2.註：此處為六點量表，分數越高表示越同意檢測問題之陳述。

3.註：1-代表「低分組」; 2-代表「中分組」; 3-代表「高分組」。

表 4-3 不同涉入程度在各傳播效果的平均值及 ANOVA 變異數分析及 Scheffe 多重比較

組別 平均數 傳播效果	低分組 (N＝ 412)	中分組 (N＝ 315)	高分組 (N＝ 387)	F 値	P 値	Scheffe's Test		
						(1,2)	(1,3)	(2,3)
政策認知程度	9.82	10.42	11.33	30.875	.000	*	*	*

各項政策態度	29.06	32.21	35.05	102.551	.000	*	*	*
行為表現程度	18.03	19.30	20.88	55.759	.000	*	*	*

1.註：「＊」表示在 α＝0.001 的顯著水準下，有顯著差異。

2.註：此處為六點量表，分數越高表示越同意檢測問題之陳述。

3.註：1-代表「低分組」；2-代表「中分組」；3-代表「高分組」。

(6) 科普節目收視與新環境典範：科普節目收視「每週平均 1～2 天」的受測者，在「新環境典範」的指標上顯著的高於「幾乎不看」者；而「每週平均 3 天以上」者，也顯著的高於「幾乎不看」者。科普節目收視頻次越高，其新環境典範指標較高。

(7) 科普節目收視與涉入程度：科普節目收視「每週平均 1～2 天」的受測者，其「涉入程度」顯著的高於「幾乎不看」者；而「每週平均 3 天以上」者，也顯著的高於「幾乎不看」者。科普節目收視的頻次越高，其涉入程度較高。

(8) 科普節目收視與政策認知程度：科普節目收視「每週平均 1～2 天」的受測者，其「政策認知程度」顯著的高於「幾乎不看」者；而「每週平均 3 天以上」的者，顯著高於「幾乎不看」者。科普節目收視的頻次越高，其對節能減碳政策的高認知程度越高。

(9) 科普節目收視與各項政策態度：科普節目收視「每週平均 1～2 天」的受測者，其「各項政策態度」（即支持程度）顯著的高於「幾乎不看」者；而「每週平均 3 天以上」者，也顯著高於「幾乎不看」者。科普節目收視的頻次越高，支持各項節能減碳政策比例越高。

(10) 科普節目收視與行為表現程度：科普節目收視「每週平均1～2 天」的受測者，在「行為表現程度」上顯著的高於「幾乎不看」者；而「每週平均 3 天以上」者，顯著的高於「幾乎不看」者。科普節目收視的頻次越高，在節能減碳的相關行為表現上，比例也越高。

伍、結論與建議

本研究主旨在探討馬政府宣導節能減碳政策傳播相關成效。首先針對本研究發現予以歸納整理並據此提出結論；次者，針對本研究的限制提出說明；最後則提出幾點建議，以為後續研究或相關政策單位之參考。

一、研究發現與結論

本研究探討「節能減碳」政策的傳播效果，以研究對象之「人口變項」、「科學素養」、「新環境典範」、「涉入程度」等，分析其與各項傳播效果間的關聯性。以下總結重要發現：

發現一：不同科學素養程度與「各項政策態度」有顯著關聯

分析結果顯示，受測者的科學素養越高，其對節能減碳政策的支持程度也越高。科學素養程度的高低，確實會影響受測者在節能減碳方面的態度。

發現二：新環境典範指標上的差異與「政策支持度」、「行為表現程度」有顯著關聯

新環境典範指標越高者，不僅對政策的支持度越高，在實踐行為表現也有較高。此結果符合文獻所指出，新環境典範指標越高

者，其環保意識也越高；換言之，新環境典範指標較高者，不僅對於節能減碳相關政策，持有較高的正面態度，而且在行為上也較能付諸行動。

發現三：不同涉入程度與各項傳播效果皆有顯著關聯

受測者的涉入程度越高者，在各項傳播效果上的相關性均越顯著。亦即在「政策認知程度」、「各項政策態度」、「行為表現程度」等和認知、態度和行為相關的表現上，受測者對於節能減碳廣告訊息的涉入程度越高，則其認知程度、支持態度及行為表現程度也越高。

發現四：不同科普節目收視頻次與各項傳播效果間皆有顯著關聯

科普節目收視的頻次越高，其對節能減碳政策的認知程度比例也越高。科普節目收視的頻次越高，支持各項節能減碳政策的比例也越高。科普節目收視的頻次越高，在節能減碳的相關行為表現上，其比例越高。綜言之，科普節目本身或受測者的收視頻次，與傳播效果間存在極大的關聯性，或許鼓勵民眾多觀看這類科普節目，不僅能增進民眾的科學素養及環境意識，對於節能減碳政策的推動與落實，也有很大的助益。

二、研究限制

本研究在研究及調查的過程中，雖然以嚴謹的態度進行研究的各項過程，但仍有研究經費、人力資源及時間等條件限制，茲將本研究限制說明於下：

（一）樣本部分

根據以往研究顯示，網路問卷調查大多採用自願樣本，本研究以《優仕網》社群平臺的會員為抽樣調查對象，受測者只局限於優仕網之成員，以學生族群佔大多數。從本研究樣本來看，男女樣本的比例約為 45：55，符合歷來以《優仕網》會員為調查樣本的研究中，女性受測者高於男性的趨向。但和台灣上網人口調查數據，男性高於女性的人口分佈樣態有所差異。有研究者建議，在經費及時間允許下，後續相關網路問卷調查，可按市場調查機構或政府公佈最新的網路使用者男女人口統計比例作一配額樣本，俾使相關研究結果能較符合實際分佈情形（陳德烈，2008）。

（二）量表題數部分

由於採網路問卷調查方式必須儘量縮減題數，以增加受測者填答意願。原先美國科學素養問卷多達 110 題，經靳知勤效化後的題數也有 52 題，本研究簡化為 12 個題項。雖經前測保留最適當的題項，但畢竟還是有量表題數上的差距，故後續研究如有較長問卷設計空間，可考量保留較多題數。

三、研究建議

本研究主要在探討政府推動節能減碳政策的傳播效果，對此提出幾點建議：

(1) 從本研究中顯示，科學素養程度確和節能減碳政策的認知、態度及行為間有顯著的關聯，然現有流通的科學素養量表題目，因時隔數十年，某些當時的知識，在今天已變成常識。研究者建議，未來應加入適當比例、以當今全球性能源及環境議題所設計之題項，俾能使得科學素養量表更切合時代需求。

(2) 節能減碳生活的推動，往往要改變個人長久的習慣，無法立竿見影，尤其是態度的改變，因此，應從年輕一代開始節能減碳觀念的紮根。現在年輕人使用媒介多元且分眾化，因此，除善用傳統大眾傳播媒介外，應多探討新媒介下的年輕一代，理解他們的人口特質與使用趨向，以為節能減碳政策相關單位宣導時之參考。

(3) 本研究發現，在新環境典範等某些重要指標上，皆顯示出程度較高者，反而對於目前政府執行節能減碳政策的信心較為不足。這些指標性群體的相關知識及能力相對較高，其反映的應是內行之見，他們對於政府執行的能力期待多於肯定，就表示對未來政府執行成效有所質疑。建議有關單位應該重視此現象，並確切落實各項節能減碳政策，以爭取其認同與肯定。

參考書目

王革華等編（2008），《能源與永續發展》。臺北縣：新文京開發。
李玲玲（1992），《公眾傳播：原理與實際》。臺北市：蘇俄問題研究雜誌社。
李金銓（1992），《大眾傳播理論》。台北市：三民書局。
吳明隆（2008），《SPSS 操作與應用：問卷統計分析實務》。台北市：五南。
周慶山（2004），《傳播學概論》。北京：北京大學出版社。
彭懷恩譯（2003），《人類傳播理論 Q&A》。臺北市：風雲論壇出版社。
Bettinghaus（1977），林東泰譯，《說服的藝術》。臺北市：三山出版社。
田育芬、黃文雄、吳忠宏（2007），〈弘光科技大學幼保系學生環境態度之研究：新環境典範量表之應用〉。《弘光學報》，第 51 期。
靳知勤（2002a），〈效化「基本科學素養」問卷〉。《科學教育學刊》，2002，第十卷第三期。
簡慧貞（2008），《台灣推動碳減排架構與策略》報告，2008.9.29。
李明堅（2008），《全球暖化與氣候變遷》報告，2008.7.29。
田治平（2006），《角色代言人在推敲可能性模式的影響途徑》。國立中央大學企業管理研究所碩士論文。
李榮華（2006），《網咖消費者顧客滿意度、涉入程度與忠誠度關係之研究——以國軍官士兵為例》。大葉大學國際企業管理學系碩士論文。
邱碧婷（2007），《全球暖化下新興的媒介議題內容分析與意見領袖傳播行為之研究——以「京都議定書」為例》。世新大學廣播電視電影學系碩士論文。
陳敬中（2004），《花蓮縣政府人員之環境知識、環境典範及環境行為研究》。國立東華大學，自然資源管理研究所碩士論文。
陳德列（2007），《台灣 DVB-H 手機電視創新採用意願研究》。世新大學廣播電視電影學研究所碩士論文。
劉華傑（2008），「公民科學素養測試及其困難」。資料來源：中國論文下載中心，http://www.studa.net/keji/081108/09000488.html。
潘震澤（2009），〈你懂多少科學？〉。《聯合報》，聯合副刊，（2009.1.19）。

劉兆玄（2001），〈國家整體的能源政策在哪裡？〉。《聯合報》，民意論壇，（2001.2.9）。

以閱聽人導向建構電台知識管理模式

世新大學廣播電視電影學系副教授　洪賢智
世新大學廣播電視電影學系講師　黃雅琴

壹、研究動機與目的

一、研究動機

知識管理的基本精神即知識分享，將知識管理變成策略性的工具，透過分享過程，促使企業進步。而知識管理的優勢，來自良好的組織文化和結構，以及員工願意創造、分享並應用知識。換言之，企業要以知識資產與組織知識管理能力來提升核心價值以及競爭力。因此，如何將企業外部與內部、顯性與隱性的知識加以整合，並以系統化的方式妥善管理，同時利用資訊科技協助知識活動的順利進行，以因應外在環境的變化，是現今企業面對的重要課題。

閱聽人應是傳播產業裡，尤其是商業化廣播與電視系統中最重要的基礎。傳播學者關尚仁（2002）認為，以往整個廣播節目產製的大環境，始終就環繞在內容導向之模式。這種內容導向是一種線性的概念，由某些創意人員提出內容發想，再交給製作人員轉換為視聽節目，最後播出成品提供閱聽眾接收。在此過程中，閱聽人被放在過程的末端，其回饋和反應往往不受到太大的重視。

在當前廣播電台全面商業競爭的開放市場中，基於組織存續榮盛的現實考量，電台要想在同業、甚或異業競爭中脫穎而出，取決於將知識商品化，使其產生經濟價值，亦即要能掌握先機，因此，廣播媒體勢必要領悟閱聽人的重要性，並對閱聽人知識調查加以重視與活用。

國內媒介組織並不特別強調閱聽人知識，多半只是被動地接收閱聽人調查資料（李素月，2002），讓閱聽人調查淪為收視聽率的數字遊戲。事實上，閱聽人調查資料必須透過分析與解讀才能賦予其經營策略上的意義（張依雯，1999）。

廣播電台的閱聽人知識所指的不僅是關於廣播聽眾的知識，也包含非廣播聽眾的知識；不僅是調查報告、研究結果、聽友資料等組織「外顯知識」，也是存在於組織成員腦海中對於閱聽人的認知，進行閱聽人知識轉換的作法等「內隱知識」。而閱聽人知識庫的內涵可分為閱聽人資料、閱聽人資訊、閱聽人知識，甚至閱聽人智慧四個層級。要將知識從資料、資訊提升到知識、智慧的層次，需要進行知識轉換的工作，亦即藉由內隱知識和外顯知識的交互作用，進行知識的加值。綜言之，對於廣播電台而言，閱聽人知識是屬於電台組織的資料、資訊、知識與智慧，它是組織專業的核心資源，使電台能智慧性的反應與運作，進而創造差別優勢。

閱聽人知識不是某個單位或部門專屬的知識，它的用途多元，可以被許多部門的工作內容所應用，因此閱聽人知識應被視為一種跨部門的知識資產。不過雖然閱聽人知識的運用多變，組織卻必須儘量使閱聽人知識能夠在各個不同作業流程中迴圈流動，且整個流程和目標必須朝向同一方向，亦即以閱聽人為導向、滿足閱聽人的需求及喜好，如此才能符合電臺之經營策略（王毓芝，2003）。

有鑒於大多數媒介組織對閱聽人知識未能正確掌握與有效利用，本研究試以廣播電台為主體，從知識管理的觀點切入，就理論和實務兩方面著手，導入廣播電台建構知識管理的流程模式。

二、研究目的

本研究目的在於彙整現有的知識管理相關學術理論，建構以閱聽人為導向的廣播電台知識管理發展模式之流程與作法，以及探討影響流程各項步驟之關鍵要素，期能提供電台工作者進行知識管理時參考的依據，並增進電台的運作績效與服務品質。本文研究問題如下：

1、廣播電台對於知識管理的界定與認知為何？

2、廣播電台既存的閱聽人知識資源為何？

3、廣播電台推行知識管理的運用程度與方式為何？

4、廣播電台推行知識管理所遭遇的困難與挑戰為何？

貳、文獻探討

一、知識類型

Polanyi（1967）將知識分為內隱（tacit）與外顯（explicit）知識兩類。內隱知識是屬於個人的，難以形式化且難以進行溝通，只可意會不能言傳；外顯知識是指可形式化、可制度化、言語傳達的知識。Nonaka 與 Takeuchi（1995）將內隱知識定義為「無法用文字或句子表達的主觀且實質的知識」，而外顯知識為「可以用文字和數字來表達的客觀且形而上的知識」。

二、知識管理的定義

Drucker（1993）認為管理的精隨就是使知識產生作用，亦即有系統、有組織地用運用知識去創造知識。Leonard-Barton（1995）以知識基礎的觀點定義核心能力，並將組織核心能力分為員工的知識與技能、技術系統、管理系統、價值觀和規範等四個構面。Quinn 和 Finkelstein（1996）認為在後工業時代，決定一家公司是否成功，智慧和系統能力的重要性勝過有形資產。管理人類智慧的能力，並且將智慧轉化為有用的產品和服務，已迅速成為現代管理者的重要技能。Spek 和 Spijkervet（1997）認為知識管理是提供給企業中所有成員，協助他們管理知識以增進學習的能力。Stewart（1997）認為智慧資本（Intellectual Capital）是每個人能為公司帶來競爭優勢的一切知識與能力的總和。依智慧資本存在的位置，將組織內的智慧資本分為三類，分別為人力資本、結構資本，及顧客資本。Watson（1998）認為知識管理是將組織內的知識從不同來源中萃取主要的資料加以儲存、記憶，使之可被組織中成員使用，以提高企業競爭優勢，而優勢則是來自對組織知識庫的持續管理。Robert（2000）認為知識管理就是在正確的時間，得到正確的資訊，並傳遞給正確的員工，以提供競爭優勢。馬曉雲（2000）認為知識管理是有系統地管理與運用企業的經營智慧，包括有形的資產和無形的人才和經驗。韓彩鳳（2002）認為知識管理是透過資訊科技，協助組織或個人取得組織內、外部知識，並加以分類整合、儲存、分享、運用、創造，並為組織或個人產生價值的流程。吳淑玲（2002）認為知識管理是透過有效的資訊科技或管理制度，針對組織中的智慧資本，包括：結構資本、人力資本和顧客資本，做有系統的整合、儲存、應用、轉移與創新。王毓芝（2002）認為知識管理是適時地將正確的知識給予所需的成員，以幫助成員採取正確行動來增進組織績效的持續性過程。孫琦蓉（2005）認為媒體可被界定為知識產業。企業核心建構知識管理系統，透過知識的有效運用，使知識庫發揮最大效用。

綜合上述觀點，本研究歸納知識管理為「有效激勵組織成員，產出創新智慧與有價值的經驗，並利用資訊科技，做有效記錄與擴散給需要的成員，以提昇企業績效，並增進競爭優勢」。

三、知識管理的流程

知識管理的流程在許多文獻中均有定義，如 Andersen 及 APQC（1996）提出了一個包含七項知識管理建立程序的模式，依序是：創造、確認、蒐集、採用、組織、實施、分享。Beckman（1997）認為知識管理應包含八大步驟，分別為知識定義、擷取、選擇、儲存、分享、運用、創造以及銷售。Savary（1999）認為知識管理包含三個流程：組織學習、產生知識、傳佈知識。Zack（1999）將知識管理程序分為五個階段，依序是取得、改進、儲存和檢索、知識傳佈、呈現。Morey（2001）認為知識管理流程包括創造、取得、移轉、運用、評論等五個階段，並以知識創造為核心之雙循環持續不斷的過程。Gold 等人（2001）指出知識管理的程序可分為取得、轉移、應用以及保護。Lytras 等學者（2002）則認為知識管理流程，大致可分為評估、取得、分類、創造、移轉、運用等六個階段。譚大純（2001）以程序觀點來看知識管理，他認為組織知識並非靜態、被動的存置於個人，而是可經由適當的管理活動，來促使知識歷經選取、建構、學習、擴散、分享等程序，進而使組織知識效能得以發揮。邱正翰（2002）則提出六大架構，分別為知識規劃、知識移轉、知識蓄積、知識擴散、知識評核、知識創新。

本研究依據上述文獻對知識管理的區分，將知識管理流程分為七個步驟：知識規劃、知識擷取與選擇、知識分享與移轉、知識累積、知識擴散、知識應用、知識創新。茲分述如下：

（一）知識規劃

邱正翰（2002）指出，健全的組織知識必定是由一套明確的組織策略規劃而得，因此在進行知識管理時，需定義出組織知識選取的規則。Beckman（1997）認為，企業進行知識管理時，首要步驟必須先進行知識定義與規劃，一個組織應該決定其核心競爭力，並確認與核心能力相關的知識範疇。

（二）知識擷取與選擇

Beckman（1997）提出，公司可由內部的工作經驗，以及外部的情報如市場、技術、產品等進行知識的擷取。擷取之知識可依其價值過濾，評估出適合的知識，此即為知識選擇。如何從眾多的資訊中擷取選擇，並淬鍊成有用的知識，將成為影響知識管理成敗的關鍵。

（三）知識分享與移轉

知識分享是一種藉由資訊媒介來進行的知識移轉，以及知識接受者藉由已知的知識對新知識進行闡釋或透過彼此互動的過程（Wijnhoven, 1998）。Gold et al.（2001）提出，知識移轉的目的為使資料有用與容易存取，包括將知識組織、整合、合併以及格式化，以便將隱性知識轉化為可運用的狀態。深藏在工作中的專業知識價值與經驗，需有結構化與系統化的機制，才能將知識分享移轉给新進人員與組織中需要的成員。

（四）知識累積

知識累積第一步是讓知識能有效的整理與分類，提供適切的索引，可使人員在知識使用的同時，有系統且快速尋找到所需的知識。第二步則必須注意到知識儲存的方式，若知識是一種文件化的知識，可透過完整的資料庫系統進行知識累積的工作。外顯知識與內隱知識都必須透過組織人員的溝通機制與工具加以整合管理後，才能將組織內的知識有效的累積與保存。

（五）知識擴散

Grant（1996）指出共同知識越多且層次越高，則知識擴散越容易。企業唯有透過知識的相互交流與擴散，才能使知識以倍數成長的方式增加其價值。

（六）知識運用

Beckman（1997）認為，知識運用是提供組織內不同階層的人不同知識來進行決策、執行工作等，當企業不斷的累積知識，並將其擴散至各部門，成員便可運用獲得的知識來解決目前以及未來企業所面對的問題。

（七）知識創新

Gladwell（2000）提出，知識創新不一定是由知識工作者所發明的知識，而是將既已存在的知識賦予新的價值。對企業發展而言，創新知識的產出才是企業永續發展的命脈。

四、知識管理的作法

Greengard（1998，轉引自王毓芝，2003）認為知識管理有七項作法，分別為：1、管理者本身必須要瞭解知識管理的重要性，並表現出支援的意願及承諾，扮演積極的決策角色。2、將相關人員組成跨功能團隊，並規劃出知識地圖。3、確立一套良好運作的知識管理流程。4、適當運用資訊科技以輔助知識管理的運作。5、組織必須形成一個分享的企業文化。6、讓組織成員都能親身體驗知識管理的好處。7、把知識管理視為工作流程的一部分。

五、知識管理的成功關鍵行動

馬曉雲（2001）認為知識管理的成功關鍵行動重點之包括：將經濟效能與產業價值相連結、建立一個具標準且具彈性的知識地圖、建立一個對知識友善的組織文化（學習型組織）、釐訂清楚的目標及語言（遠景及策略）、建立知識移轉的多重管道、高階主管的支持與認同、建立知識執行長等。

六、閱聽人知識

Drucker（1999）認為知識是擁有者對特定領域的專業化認知。由此推論，所謂的「閱聽人知識」即是電台從業人員對閱聽人領域的專業化認知。要定義所謂的閱聽人知識，應該從電台所要產出之最終產品或目的反推出哪些是閱聽人領域的專業化認知（Drucker，2000）。

傳播學者關尚仁（2002）指出媒體是一個特殊的產業，同時兼具商業性和文化性。從經營管理的角度切入，媒介經營者如何有效爭取閱聽眾市場，是媒介組織之策略與目標；從文化性來看，媒介提供大眾優質的媒體內容、為閱聽人建構社會真實是其義不容辭的任務。因此，閱聽人知識的重要性不容忽視。

市場導向原則將閱聽人視為廣播電台經營的基礎，而導入知識管理系統有助於電台對自己的閱聽眾的瞭解，在閱聽人知識管理的過程中，電台閱聽人知識庫的建構扮演了相當重要的角色。

李素月（2002）認為廣播電台所需管理的知識內涵包括節目產製知識、閱聽人知識、行銷廣告業務知識以及人力資源知識。除了人力資源知識外，閱聽人知識與節目產製和行銷廣告業務息息相關，而成為媒介經營的根本要素。Head 和 Sterling（1998）表示，任何形式的廣播電視事業，其成功取決於節目、促銷和業務，其中節目是市場最具決定性的要素，而閱聽人調查資料則是節目製作的基礎。Carrol 和 Davis（1993）認為閱聽人研究是降低媒介經營風險的作法，並表示身為節目主管，最重要的特質與資格是具備決策所需之閱聽人相關知識。爰此，閱聽人知識是媒介組織成功經營的根本。

「資料庫」是許多相關性資料的整合，而「知識庫」不僅是相關性資料的收集，更是用來描述收集資訊，還包括資訊與其他解釋資料及經驗關聯性之所在。換言之，知識庫是知識的集合。運用這個概念，所謂的「閱聽人知識庫」則是閱聽人知識的集結。

李素月（2002）曾就「內容產制」、「聽眾」、「廣告業務」和「人力資源」四個面向來探討廣播媒體的知識管理，並就策略的角度來界定和取捨各面向所需管理的知識，分述如下：

1. 節目產製方面：包括音樂知識、資訊知識、新聞知識、節目企劃知識、聽眾分析知識、收聽率分析知識等。

2. 聽眾方面：包括聽眾關係管理知識和聽眾分析知識。
3. 廣告業務方面：包括廣告主知識、廣告知識、廣告市場知識、收聽率分析知識、廣告銷售計畫與評估知識、聽眾分析知識以及行銷活動與評估知識等。
4. 人力資源方面：包括電台教育訓練知識和電台人事知識。

從知識管理中「外顯知識」v.s.「內隱知識」以及「組織知識」v.s.「個人知識」的觀點來審視電台閱聽人知識，將閱聽人知識存入閱聽人知識庫，則無論儲存形式為書面或是電腦檔案，這些知識將成為外顯的組織知識。電台的閱聽人知識管理絕非僅涉及組織知識和外顯知識。從知識管理的觀點來看，理想的電台閱聽人知識管理，必須做到外顯知識和內顯知識，組織知識和個人知識，彼此間轉換無礙的地步，因此電台有必要建構電台專屬的閱聽人知識庫，裨助於有效管理電台閱聽人知識。而從程序（流程）觀點來看，建構電台知識管理模式可包括閱聽人知識規劃、知識擷取與選擇、知識分享與移轉、知識累積、知識擴散、知識應用、知識創新等步驟。

參、研究方法

本研究屬於質化研究，在資料蒐集部份，採用文獻分析法和深度訪談法。文獻分析法主要是分析國內外知識管理論述、著作與相關實證研究；本研究亦針對收聽率調查報告以及電台內各類資料庫（舉凡節目、音樂、資訊、聽眾、人才培訓、廣告、活動等）、工作手冊、會議記錄等資料進行文獻分析。藉由這些文件資料的蒐集與分析來瞭解電台在知識管理相關機制與知識庫運用概況。

此外，本研究也深訪電台主管與從業人員，以進一步瞭解建構電台知識庫流程之各階段工作重點與相關要素。訪談過程是採用半結構式問卷，問卷內容除瞭解受訪電台的基本背景資料外，還包括對該電台實施知識管理的界定與認知、推行知識管理的運用程度、實際做法、遭遇的困難與挑戰、推行知識管理對電台與員工的效益等，問卷包含認知和執行兩大主題。首先，從組織和個人對於閱聽人知識的認知來明確地釐清電台所需要的閱聽人知識為何？以及電台已存在的閱聽人知識資源為何？。其次，從執行面來說，建構閱聽人知識庫可分為閱聽人知識規劃、知識擷取與選擇、知識分享與移轉、知識累積、知識擴散、知識應用、知識創新七大步驟。

肆、資料分析

一、電台確實已在進行某種程度的閱聽人知識管理，但取得閱聽人知識的來源不夠多元、缺乏深度。

從訪談結果得知，電台會定期或不定期地經由不同途徑（如 Nielsen Media Research、電台自行做聽眾收聽行為調查、聽友回函、call-in、net-in 等）去搜集閱聽人的相關資料、資訊，並針對這些資料、資訊，各部門也有不同目的的運用。基於此，電台的確在進行某種程度的閱聽人知識管理。但電台有太過依賴 Nielsen Media Research 的傾向，顯得單一，不夠多元，而對於其他研究資料，電台並非很有系統、規律地搜集。換言之，電台並沒有系統地去特別建構一個所謂的閱聽人資料庫或閱聽人知識庫。此外，由於電台對於閱聽人資料太過依賴市調公司資料。調查目的主要是提供資料給廣告主參考，將聽眾視為「消費者」，偏重消費方面的資訊，而非以「閱聽人」的角色，不從節目規劃、設計的考慮來進行調查可能造成電台閱聽人知識取向有所偏頗、且缺乏深度。

二、電台重視量化的收聽率調查報告而忽略質化知識。

電台的實際運作是以量化的收聽率調查報告為主，質化的閱聽人市場分析知識和閱聽人關係管理知識卻明顯受到忽略。即使電台有建置專屬的網站，提供聽友節目表、活動資訊、留言表、線上收聽……等基本服務，卻沒有充分利用網站來取得閱聽人相關知識。電台也辦了很多活動，有聽眾參與並留下基本資料，電台應可建立聽友會通訊錄，利用 email 大量、快速、便利地聯絡這些聽友，但電台通常只是將這些資料收集、儲存、建檔，卻沒有善加利用，忽略所謂的資料庫管理或是直效行銷。

三、電台知識層級多半侷限於外顯知識。

從知識管理的觀點而言，電台的閱聽人知識仍然停留在閱聽人資料或資訊階段，且電台的閱聽人知識往往也僅侷限於外顯的知識，各類知識單獨存在，外顯知識彼此間未能有效連結，也未能和組織成員的內隱知識作充分的互動轉換，致使無法在知識的層級上作有效的提升。

四、電台較擅長於顯性的閱聽人知識管理，並未達到知識管理的境界。

閱聽人知識不應是單獨存在的，而是要和電台的營運目標、組織各部門的需求和目的作密切的結合，更該和其他類型的知識作廣泛的連結。但經訪談發現，電台只是充分地進行蒐集和存檔顯性的閱聽人知識，因此，在分析資料時，並沒有將閱聽人資料和其他相關訊息作有意義的連結，顯得太片面、太量化了，並未真正達到知識管理的境界。

五、電台取得的廣播調查資料型態多是書面的形式，很佔實體空間，但就知識管理的觀點而言，並不利於進行後續的知識轉換和數位形式的儲存。

六、電台通常都由專職部門或人員進行知識的評估與轉換，再傳遞給其他各部門。這種單向、線性的評估作業模式很容易產生盲點。

七、電台幾乎沒有進行閱聽人知識轉換的工作。
電台多半直接採用調查報告中現有的資料和資料，很少再將這些資料做進一步的分析和進行閱聽人知識轉換的工作。至於少數勉強稱得上閱聽人知識轉換的動作，充其量也只是基本層次的轉換——將現有的資料或資訊作次級資料分析，只是經過交叉分析或重新定義基數，亦即將原有的知識項目整合形成一個全新項目的知識而已。

八、對於閱聽人知識的儲存是採用零散的方式，沒有一個整體、統一的作法，不利於電台工作者以有效率的方式去進行知識檢索、分享和流傳。

九、電台在閱聽人知識的運用多半是短期的，如季收聽率、季市場佔有率，或是目前的聽眾輪廓，一旦發現資料有所變動，業者就會著手進行修正，以期能收立竿見影的效果。

伍、結論與建議

造成目前廣播電台在閱聽人知識管理上成效不彰的根本原因在於，業者未能清楚認知何謂閱聽人知識，而在此中尤其關鍵影響的是，電台的在上位者對於閱聽人知識的不夠重視，以及電台工作者的專業素養不佳。

一、閱聽人知識不受電台高層重視

電台在上位者的態度會影響整體組織在閱聽人知識管理的作為。長期以來，電台不論是經營者或從業者，多半是依循「經驗法則」，本位主義的心態頗重，他們相信經驗和直覺，而不相信所謂的調查研究。在此階段以後，大多數的組織會停滯在接受的階段，亦即組織中占多數的低層成員在知識獲得、進行內部溝通與應用後，並未能進展到同化階段，以致無法進一步創新。

二、電台工作者的專業素養不佳

要讓電台部門人員重視閱聽人知識，就必須要讓閱聽人調查的資料與銷售結合，做其他部門的資料分析與提供者。電台需要有專門人員或專責單位來進行觀察、分析、解讀的工作，而這個使用資料的人不只是被動地接收資料，還必須對整個廣播產業的市場生態和各工作部門的業務有所瞭解。換言之，電台建構知識管理模式，重點不在於管理，而是如何運用知識以創造價值，因此，要想促進電台全體成員對於閱聽人知識的運用，就必須加強組織所有成員的專業素養。

廣播電台對於閱聽人知識不具備正確的認知時，其對於閱聽人知識的運用不可能有效，而一旦閱聽人知識未被充分利用，其價值無法發揮時，電台將更低估閱聽人知識的重要性，基於此，認知和實際執行是一個互為因果的迴圈過程。有鑑於此，本文綜合研究成果，針對前述電台在建構知識管理模式中所面臨的困境與挑戰，從知識管理的認知內涵面以及導入流程的執行面提出如下建議：

(一) 電台要有效掌握閱聽人知識，必須整合自己的聽眾、競爭者的聽眾，以及整個市場中既有聽眾和潛在聽眾所有的相關資料，來分析整體聽眾群的變化趨勢。

(二) 閱聽人知識真正的價值其實是在經過轉換、活化和巧妙運用後才得以完全呈現。電台可將閱聽人知識轉化成一套標準作業流程（SOP），並將每次進行資料分析與解讀的成果化為文字加以儲存，長期下來，作業流程將變成一套標準的分析格式（format），成為範本教材。透過作業流程的執行以及報告的閱讀，再加以適當的在職訓練、工作手冊的導引或組織的分享機制，也能逐漸將這套知識內化成個人知識，日後反應在工作表現上。

(三) 電台可將每年度自行執行的聽眾調查問卷置於網站上，以促銷方式誘導網站流覽者填寫問卷，網站留言或主持人專版等網頁功能設計，定期彙整網站上的聽友意見作為節目和活動規劃設計的參考，這些數位形式的回饋方便進行後續的儲存，有利豐富閱聽人知識庫的內涵。

(四) 電台在知識儲存和呈現型態方面，可考慮採用整合的方式。從資料、資訊到知識智慧，包括廣播調查報告、閱聽人相關研究發表、聽友基本的資料、資訊要加以儲存後加以解讀、處理作為節目、行銷活動的設計規劃業務的推展，具體的成果檢討、注意事項的電台的知識庫資料等，統一將其放置於閱聽人知識庫內，有利電台工作者閱讀、存取資料從中汲取經驗、學習自修。

(五) 電台無論是在取得閱聽人知識之前或取得閱聽人知識之後，都必須依照電台宗旨以及組織中各部門的需求和目的來進一步判斷、擷取出必要有用的閱聽人知識。負責評估的部門或成員必須和其他部門保持順暢的溝通管道，必要時先和其他部門進行充分討論，徹底瞭解各部門之業務需求和目的，以提升閱聽人知識之適用性和利用度。

(六) 電台喚起成員注意閱聽人知識的具體作法是，電台主管可一方面將閱聽人知識用書面、文字傳散給各部門，一方面將閱聽人知識存放在內部網路，開放作資源分享。至於一些較精簡的資訊，包括電台定位、本季營運指標、收聽率排名、電台聽眾輪廓……等，則可貼在隨處可見的佈告欄上或是使用公司內部網路 intra-net，讓同仁一目了然，隨時都能看到，進而提醒自己這些知識的重要性。

(七) 企業文化與高層主管的決心與支持，是閱聽人知識管理系統成功與否的關鍵。因此，電台高層要將學習成果應用到電台的日常活動中，並制定訂相關配套措施如獎懲制度，以形塑出有利於閱聽人知識管理的風氣與閱聽人導向文化。

(八) 電台應透過員工訓練和在職訓練強化電台工作者對於閱聽人知識管理的認知和技術，在認知上，包括電台營運目標、各部門業務需求的認知以及對於整個廣播產業的認知。在技術上的認知，包括對於量化、質化研究方法的掌握，對於各項電腦軟體操作的專業知識等。

參考書目

王毓芝（2003），《廣播電台閱聽人知識管理》，政大廣電研究所碩士論文。

李素月（2002），《廣播產業知識管理架構研究》，李連基金會專題研究計畫。

邱正翰（2002），《企業知識管理架構通用模式之初期探討研究》，台灣大學工業工程研究所碩士論文。

吳淑玲（2002），《企業特性、人力資源管理措施與知識導向文化關係之研究》，中山大學人力資源管理研究所碩士論文。

宋偉航譯（1997），Steward 著，《智慧資本：資訊時代的企業利基》，智庫出版社。（原書 Intellectual Capital: The New Wealth of Organization.）

周欣欣譯（2000），Jerry Honeycutt 著，《知識管理策略應用》，台北：華采軟體。（原書 Knowledge Management Strategies, Washington: Microsoft Press.）

洪淑宜（1996），《整合行銷傳播在媒體行銷上的應用——以台北之音為例》，政治大學新聞研究所碩士論文。

馬曉雲（2000），《知識管理實務應用》，台北：華彩出版。

孫琦蓉（2005），《數位化平台下的跨媒體整合與知識分享研究》，世新大學傳播管理研究所碩士論文。

許史金譯（2001）。Arthur Andersen Business Consulting 著，勤業管理顧問公司，《知識管理推行實務》，台北：商周。

陳琇玲譯（2001），Thomas M. Koulopoulos, Carl Frappaolo 著，《知識管理》，台北：遠流。（原書 Smart things to know about knowledge management.）

張依雯（1999），〈「三立頻道家族」之經營策略初探：一個收視率意義解讀取向的分析〉，《新聞學研究》，61：179-222。

楊子江、王美音譯（1997），Nonaka & Takeuchi 著，《創新求勝》。台北：遠流。（原書 The Knowledge-Creating Company, Oxford University Press, NY: M. E. Sharp Inc., 1995.）

劉京偉譯（2001），Arthur Anderson Business Consulting 著，《知識管理的第一本書》，台北：商周。

韓彩鳳，(2002)，《組織導入知識管理機制之設計與應用》，淡江大學碩士論文。

關尚仁（2002），《廣播電臺節目生產策略研究》，未出版之論文。

關尚仁（2001），《廣播節目產製研究》，港都廣播電臺教育訓練講習。

譚大純（2001），〈知識管理文獻回顧與前瞻——以知識作業及知識策略為分類基礎〉，《管理評論》，第 20 卷、第 4 期，頁 93-135。

Andersen A. and the American Productivity and Quality Center (APQC), (1996). *The Knowledge Management Assessment Tool*: External Benchmarking Version.

Beckman, T., (1997). *A Methodology for Knowledge Management: Proceeding of the IASTED*, International Conference on AI and Soft Computing.

Broadbent, M., (1998). *The Phenomenon of Knowledge Management: What Does it Mean to the Information Profession, Information Outlook*, 2(5): 23-36.

Drucker, P. F., (1999). *Knowledge-Worker Productivity: The Biggest Challenge, California Management Review*, 41:79-94.

Drucker, P. F., (2000). *Knowledge Work, Executive Excellence*, April, 11-12.

Greengard, S., Storing, (1998). *Shaping and Sharing Collective Wisdom, Workforce*, 77(10): 82-88.

Gilbert, Myrna, Gordey-Hayes & Martyn, (1996). *Understanding the Process of Knowledge Transfer to Achieve Successful Technology Innovation*, Technovation, 16(6): 301-302.

Gladwell, M., (2000). *The Tipping Point: How Little Things Can Make a Big Difference*, Little Brown and Company.

Gold, Andrew H., et al., (2001). *Knowledge Management: An Organizational Capabilities Perspective*, Journal of Management Information Systems, 18: 185-214.

Grant, R.M., (1996). Prospering in Dynamically-competitive Environments: Organization Capability as Knowledge Integration, Organization Science, 17(4): 375-387.

Herbert Zettle, (1997). Television Production Handbook, California: Wadsworth Publishing Company.

L. Carroll, Donald M. Davis, *Electronic Media Programming: Strategies and Decision Making.*

Leonard-Barton, D. (1995). *Wellsprings of Knowledge, Massachusetts：Harvard Business School Press.*

Lytras, M.D., Pouloudi, A. and Poulymenakou, A., (2002). *Knowledge Management Convergence- Expanding Learning Frontiers, Journal of Knowledge Management* 6(1): 40-51.

Morey, D., (2001). *High-Speed Knowledge Management: Integrating Operations theory and Knowledge Management for Rapid Results, Journal of Knowledge Management* 5(4): 322-328.

Nonaka, Toyama & Konno, SECI, (2000). Ba & Leadership: A Unified Model of Dynamic Knowledge Creation, Long Range Planning, 5-34.

Nonaka, I. and H. Takeuchi,(1995). *The Knowledge Creating Company: How Japanese Companies Create the Dynamics of Innovation*, New York, Oxford University Press.

Papows, J., (1999).*Enterprise.com*, Massachusetts, Perseus Publishing.

Peter F.Drucker, (1993). *Post-Capitalist Society*, Oxford: Butterworth Heinemann.

Polanyi, M., (1967). *The Tacit Dimension*, New York, M. E. Sharp Inc.

Raymond L. Carroll, Donald M. Davis, (1993). *Electronic Media Programming: trategies and Decision Making*, NY: McGraw-Hill.

Roberts, B., (2000). *Pick Employees's Brains*, *HR Magazine*, 45(2): 115-120.

Romon J. Aldag and Timothy Stearns, (1991). *Management*, South-Western Educational Publishing, 2nd ed.

Savary M., (1999). *Knowledge Management and Competition in the Consulting Industry, California Management Review*, 41(2): 95-107.

Spek & Spijkervet, (1997). *Knowledge Management: Dealing Intelligently with Knowledge.*

Sydney W. Head, Christopher H. Sterling, and Lemuel B. Schofield, (1998). *Broadcasting in America: A Survey of Electronic Media, 8th ed.*, Houghton Mifflin Company.

Watson, S., (1998).*Getting to 'Aha', Computer World,* 32(4): S1-S2.

Zack, M. H., (1999). *Developing a Knowledge Strategy, California Management Review*, 41(3): 125-143.

Wijnhoven, F., (1998). *Knowledge Logistic in Business Contexts: Analyzing and Diagnosing Knowledge* Sharing by Logistic Concepts, *Knowledge and Process Management* (5:3): 143-157.

台灣網路文學產製與消費因素之研究
——以女同志出版社及其讀者為例

世新大學廣播電視電影學系副教授　蔡美瑛
世新大學廣播電視電影學系碩士　李玉婷

壹、緒論

近年來網路興起，出版的方式已不侷限於傳統的紙張和出版社。網路寫手在虛擬空間裡的創作，透過部落格與自費出版成為新的出版方法（陳徵蔚，2008）。隨選列印（Print on Demand，簡稱「POD」）的出書型態也成為新趨勢（小林一博，2001）之一。2000年新絲路網路書店首先推出 POD 服務（辛廣偉，2000），台中生命力工作室在 2004 年成立「印書小舖」，提供創作者自費出書，無名小站亦在 2006 年推出網誌出書服務。

在網路使用者和出版變革中，女同志消費者與女同志出版業者亦逐漸浮出檯面。過去，女同志族群不易被察覺，但經由網路的可匿名、便利性、女同志族群在網路世界自成一格（鄭敏慧，1999），但過去有關網路文學或自費出版、隨選列印的研究較乏針對女同志來進行研究。

自費出版與網路結合的研究議題是極為有意義的，黃志堅（2000）曾提出隨選列印的一系列架構，期整合網路瀏覽與電子出版，使網路圖文的傳播更加個人化、簡便化。蘇威州（2001）以隨選列印的概念與網路傳播的特色作為基礎，使用文獻探討分析與功能分析提出隨選列印的雛型與補強和推廣的作法。黃郁茹（2002）則架構出可操作的圖書出版產業之企業電子化程度評估的決策圖。劉淑君（2005）也提出安全便利的數位出版品管理機制，對保障創作者與出版社的利益有相當之見解。至於在部落格發展和網路寫作方面，陳信宏（2005）、林昭妘（2005）推論出部落格資訊流與金流交換模式，說明部落格提供商與部落客如何攜手合作，以探討其商業行為經營模式。廖純怡（2006）則以參與觀察、問卷、深入訪談等來探討部落格出版的意義，並建議針對人氣高、反應不錯的網路創作者可成立個人出版社、出版印刷，並形成消費者社群。

近年來，對於女同志族群的研究也漸關注到網路這個場域。例如鄭敏慧（1999）將早期關於女同志網路的歷史與同志運動做了整理；鍾兆佳（2002）在女同志球聚中亦觀察到其訊息交流，「網路」是一個相當重要的管道；許劍橋（2002）探討 90 年代女同志題材的小說在台灣文學史的地位，陸雪芬（2004）觀察解嚴後（1987～2003），從歷史的演變切入研究女同志小說，將內容與形式做雙向分析。

自費出版透過網路發展將出版形式推入了新的里程碑，無須再透過出版社，演變成作者對讀者的直接溝通，個人出版挑戰集團出版（廖純怡，2006）、個人出版的商機形成，讓更多不同的分眾市場得以被看見。2000 年集合出版社成立，網羅了網路女同志小說的寫手，如小喬、張漠藍、祐希、AD、旻兒、小紅豆、薔薇等作者，進而創作出與以往不同的女同志小說書寫方式和題材。2004 年由張漠藍成立北極之光文化，自費出版了《雨》、《手指》，也創下過三版的銷售記錄。這顯現女同志網路文學的新發展和女同志族群的消費能力，但過去卻少有研究探討女同志網路文學的演變、自費出版趨勢及影響女同志消費的因素。

因之，本研究旨於分析在網路影響下，台灣女同志小說的網路文學產製與演變，以及女同志小說在分眾的出版市場上有何新的發展與應用？影響消費者的因素又有哪些？本文研究問題如下：

1. 女同志網路小說出版類型與產製流程為何？
2. 女同志出版社之顧客來源、通路方法為何？讀者購買之意願為何？
3. 女同志出版社與傳統出版之差異為何？
4. 女同志網路小說吸引消費者觀賞、持續購買的原因？

貳、文獻探討

網路使得創作者能直接與讀者分享互動，也改變了出版模式，在國外，電子出版業有三種清楚的形式：商業電子出版、代工型電子出版、自費出版，如下圖：

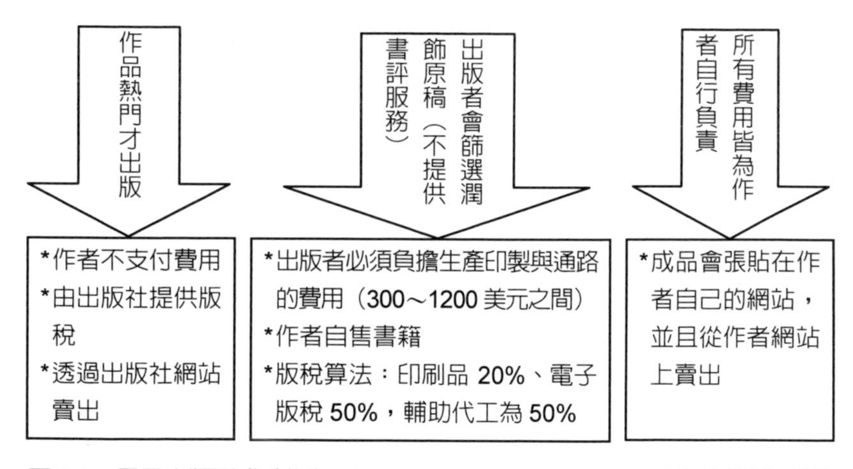

圖 2-1　電子出版型式（參考 Pittershawn，2001，p:49-50，本研究整理編製）

國內首度出現「網路文學」一詞，起源於楊照在《人間副刊》〈三少四壯集〉專欄中對 BBS 上作品的批評，引來 BBS 寫手們的圍剿，爾後李順興（2001）在 1998 年將網路文學歸納為，一是將傳統平面印刷作品數位化貼於 WWW、BBS 上，二是非平面印刷以數位方式發表的文學，包含動態影像、文字、超連結設計、互動讀寫等等。之後網路書店和出版運作革新更改變了傳統出版的運作，激勵了網路文學的創作（轉引自須文蔚，2001），也讓閱聽人有了不同的閱讀選擇。陳秀貞以貓園全國連線板為例，整理出來從 1994 到 2005 年的創作者與作品年份分布圖，其圖中可見 BBS 和網路創作之成長趨勢。

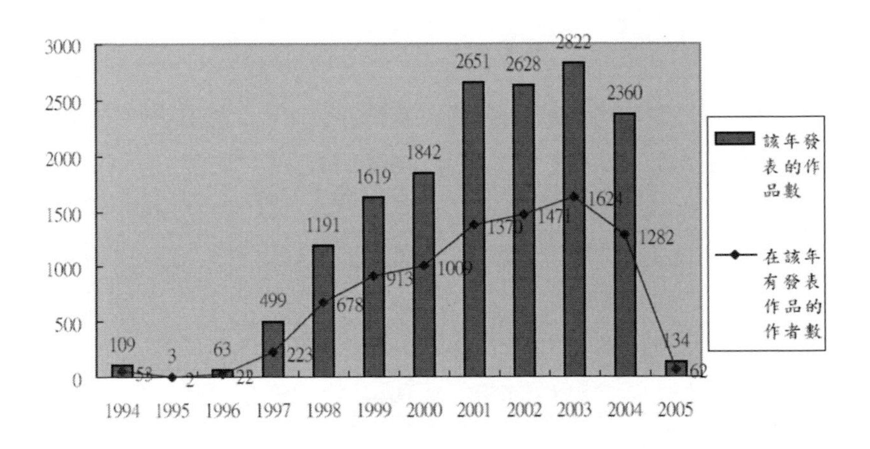

圖 2-2 貓園 BBS 全國連線板 1994 到 2005 年創作者與作品年份分布表（陳秀貞，2005）

爾後網路上出現了比 BBS 容易操作的界面——部落格。這使得原先出版社在 BBS 上找創作者，轉換成在部落格找作者，而部落格出書的顯例是在「無名小站」上的彎彎，其於部落格連載的簡單漫畫日記，自轉星球出版社將其網路作品《可不可以不要上班》製成實體書，銷售突破十萬本，彎彎更因此獲選為金石堂書店「2005年度風雲人物」，售出多國版權（王璿，2006）。由於部落格的操作簡便，加上可以放置影音、圖片等，開創了數位化科技影響出版形式改變的趨勢。以下就傳統出版與數位出版做一比較：

表 2-1　傳統出版與數位出版比較

	傳統出版	數位出版
載體	紙本，需經印刷流程	數位化，可轉存不同格式出版
展現方式	平面編排，講究排版精緻度	兼具圖文影音多媒體呈現
攜帶性	紙本厚重，可攜帶數量不多	電子檔案小，但須經載體閱讀
作業時間	出版作業時間長，不具即時性	有數位檔即可出版，即時性高
成本	複製成本高，包含紙張引製等	複製成本低，因只有數位檔案
截稿期限	有截稿出刊壓力	無，可隨時更新資訊
互動關係	作者與讀者之間互動性不佳	透過線上溝通，可保持互動
版面限制	有	無
資訊編輯權	編輯決定給與資訊內容	個人掌握資訊取得權
流通方式	傳統行銷通路，流通慢	數位化網際網路，流通快

（引自林政榮，2002）

當 BBS 上發表的網路小說掀起熱潮之際，也開始有人書寫屬於同志題材的網路小說；有關於同志的文章，原僅零星分散於各處 BBS 版面討論，1994 年，台灣的學術網路上第一個成立 motss 版討論區，是在中央資管龍貓站（張盈堃，2003），經過一番辛苦爭取與聯署下，1996 年「拉子天堂」正式開版，使女同志族群在網路上有了專屬聚眾的空間（轉引自淡江蛋捲廣場拉子天堂版精華區，1996）。在 1996 年，另一個專屬於女同志的友善空間——「壞女兒」BBS 站出現，該站的使用者清一色為女同志，群組版面更加多元化；將食、衣、住、行、娛樂、運動、感情、性、年齡、文學等項目規畫成八個大分類。發文者亦比之前在拉子天堂的作者更具小說雛形，讀者與作者的互動也更頻繁。拉拉資推工作室在 2001 年於商業 BBS 大站——KKCITY 底下申請了一個專屬於女同志的分站，取名為 5466，取其音為「我是拉拉」。5466 延續了壞女兒站的人潮，並且分類更加細緻，從 2001 年開站至今，其網路社群與分類已演變得相當純熟，此時期創作女同志網路文學者眾多，也造就了爾後出版女同志題材之網路小說的作者。在網路上發表女同志小說，讓女同志族群被看見，使他／她們不用「正面曝光」、「對號入座」，而有更多想像空間（陸雪芬，2004）。群眾的支持下，新的商業契機儼然成形。

藉由網路的匿名性與便利性，同志可以從其網路上找尋歸屬感、資訊、商品，抒發其心中所想；以女同志為主角的網路小說開始萌芽壯大；帶動了全台灣第一間的女同志出版社—集合的出現；爾後又有北極之光出版社，開創點閱方式的線上收費小說，以及專做自費出版的文覺出版社。集合與北極之光的作者群中，不乏是從 BBS 起家的寫手，其間每一個出版社的營運方針皆不同，但目標都是在於服務分眾裡的女同志族群，它們與過去商業出版社不同，傾向於一人的獨立出版。

同志文學雖不如暢銷書籍能馬上打出一片熱潮的銷量，但有其基本的支持族群。一直能處於長尾理論裡的尾巴，以持平穩定的賣量穩紮穩打。長尾理論（The long tail）是 2006 年，由美國《連線》

雜誌總編輯克里斯・安德森提出的理論，指通路若夠大，非主流、需求量少的貨品的總銷售量，也可以跟主流、需求量大的貨品銷量相抗衡。若將同類商品依照銷售量高低排於座標的橫軸，縱軸為銷售量，可畫出一條「長尾」曲線，頭部是少數暢銷商品，尾端則是其他表現平平的商品（轉引自李明等，2006）。如下圖所示：

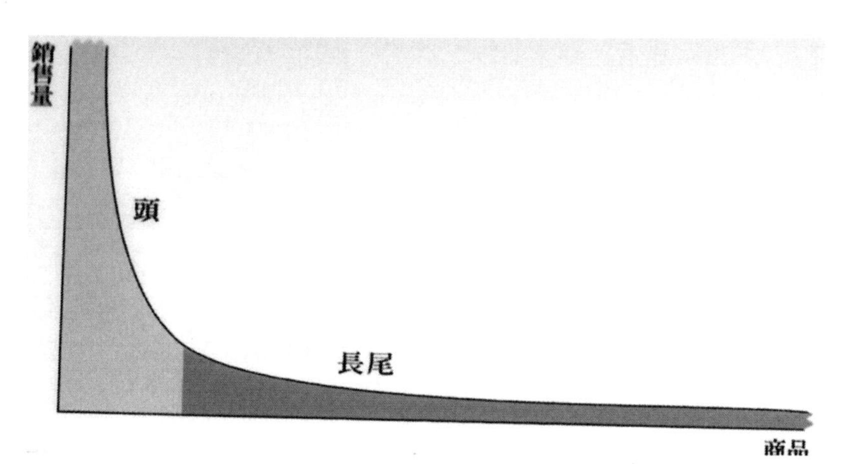

圖 2-1　長尾圖表（轉引自李明等，2006，書封折頁）

女同志網路小說的興起和新的出版產製機制，使得瞭解新的女同志小說出版運作和消費者的購買因素及動機等，成為有趣而值得探究的議題。本研究中除了回顧和探究女同志小說出版的實務運作，也探析影響女同志網路小說消費之相關因素及顧客忠誠度等。Srinivasan、Anderson & Ponnavolu (2002) 提出可能影響網路商店中消費者忠誠度之因素，可作為本文之參考：

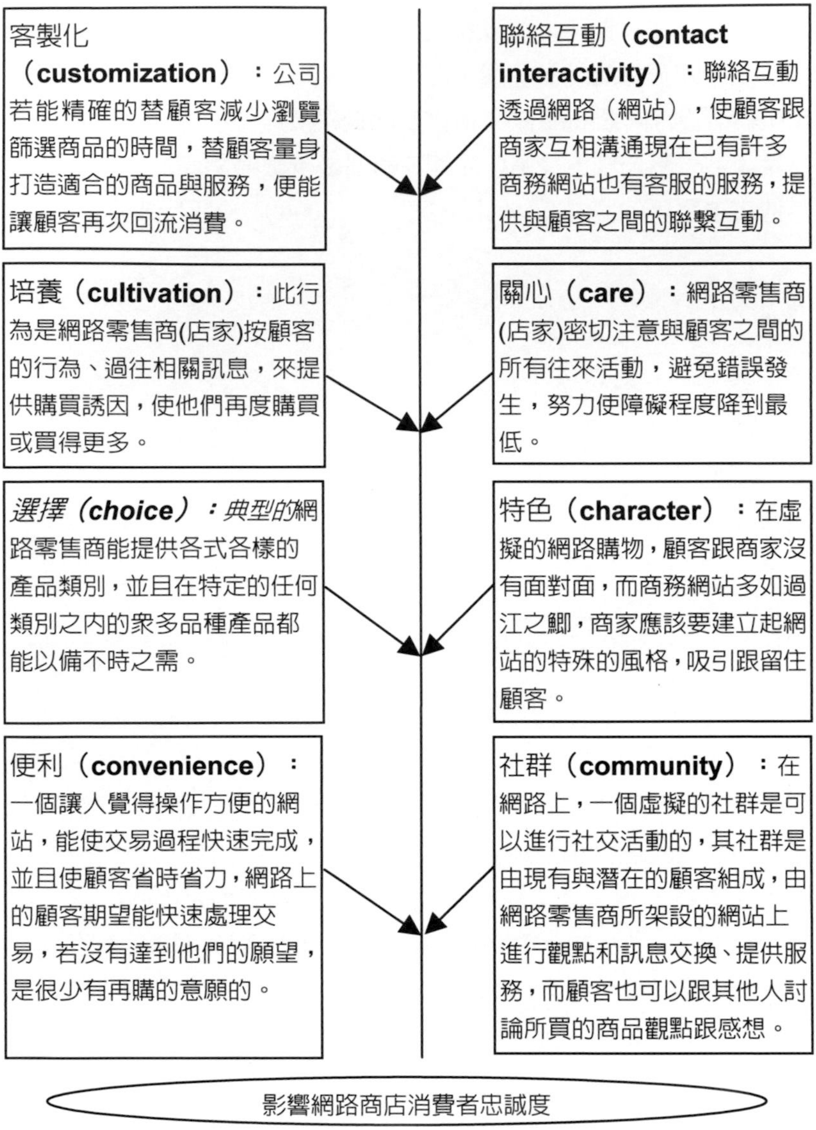

客製化（**customization**）：公司若能精確的替顧客減少瀏覽篩選商品的時間，替顧客量身打造適合的商品與服務，便能讓顧客再次回流消費。

聯絡互動（**contact interactivity**）：聯絡互動透過網路（網站），使顧客跟商家互相溝通現在已有許多商務網站也有客服的服務，提供與顧客之間的聯繫互動。

培養（**cultivation**）：此行為是網路零售商(店家)按顧客的行為、過往相關訊息，來提供購買誘因，使他們再度購買或買得更多。

關心（**care**）：網路零售商(店家)密切注意與顧客之間的所有往來活動，避免錯誤發生，努力使障礙程度降到最低。

*選擇（**choice**）：典型的*網路零售商能提供各式各樣的產品類別，並且在特定的任何類別之內的衆多品種產品都能以備不時之需。

特色（**character**）：在虛擬的網路購物，顧客跟商家沒有面對面，而商務網站多如過江之鯽，商家應該要建立起網站的特殊的風格，吸引跟留住顧客。

便利（**convenience**）：一個讓人覺得操作方便的網站，能使交易過程快速完成，並且使顧客省時省力，網路上的顧客期望能快速處理交易，若沒有達到他們的願望，是很少有再購的意願的。

社群（**community**）：在網路上，一個虛擬的社群是可以進行社交活動的，其社群是由現有與潛在的顧客組成，由網路零售商所架設的網站上進行觀點和訊息交換、提供服務，而顧客也可以跟其他人討論所買的商品觀點跟感想。

影響網路商店消費者忠誠度

圖 2-2　影響網路商店中消費者忠誠度之因素

（資料來源：參考 Srinivasan、Anderson & Ponnavolu, 2002，本研究整理編製）

參、研究方法

本文在研究方法方面質量並重，採網路調查與深入訪談，藉由問卷來了解讀者對女同志出版作品之購買意願，並用深入訪談來得知讀者對於作品喜愛特質之狀況，以及出版社對未來發展方向的想法。在調查方面，研究架構如下：

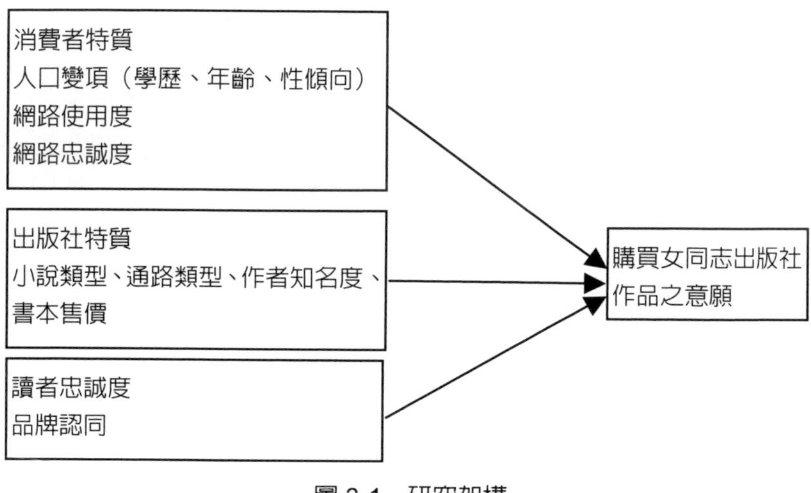

圖 3-1　研究架構

本研究採非隨機抽樣中的自願樣本，在全台 BBS 大站 PTT1 之 lesbian 版和 KKCITY 中 5466 女同志 BBS 站、2GIRL 論壇、以及研究者的痞客邦 BLOG 中刊登問卷，徵求女同志小說讀者填答。深度訪談的對象則分女同志出版業業者，和支持並定期閱讀購買女同志作品達一年以上的忠實讀者，各邀三位。調查時程為 2009 年 3 月 31 日至 4 月 14 日。深入訪談部分則於 2009 年二月到四月間進行。

肆、資料分析

調查方面共回收有效問卷為 574 份，主要探討變項分為消費者、出版社特質、讀者忠誠度與品牌認同四個構面，在樣本結構部份，受訪者多為女性（99.5%），年齡多在 21 至 25 歲間（38.5%），總計 18 至 30 歲的年輕族群占了半數以上。多數受訪者的教育程度以大學（60.1%）居多。在性傾向部份，四成的填答者均為 T（41.1%），其次為不分 185 人（32.2%），總計近九成是女同志。

經由統計分析後，可綜合歸納女同志小說讀者的調查結果為：

(1) 網路使用行為以上網四小時以下居多，最喜歡的女同志網站或 BBS，以 PTT 的 LESBIAN 版、KKCITY 的 5466 版、2GIRL 網站最多，上站以看拉子小說為主，其次才是感情版、性愛版。

(2) 受訪者的情感狀況以單身、性傾向為不分 T、P 的最多。

(3) 在同志運動與同志商業方面，受訪的女同志對這兩者區分清楚，並不會因為同志商業從同志運動衍生而來就盲目跟從。

(4) 女同志族群在消費女同志出版社的小說上，約是一年一至兩本的書量；向網路書店購書為最多人選擇的方式。

(5) 女同志小說的購買主力，以年齡 26-30 歲以上的讀者每次購買的金額較多，其次為 18-20 歲。性向方面，則以 T 表示未來願意增加購買率最多。

(6) 在選擇的閱讀方式上，受訪者仍以閱讀紙本的方式最多，付費線上閱讀仍未被普遍接受。

(7) 在購買女同志小說考量上，以故事內容和作者是最吸引人的主因，再搭配口耳相傳跟書本售價的考量；而內容上女同志族群最喜歡寫實愛情跟喜劇收場；作者方面則以張漠藍、薔薇、祐希最受讀者喜愛；女同志族群願意以行動購買女同志小說，做為自我認同的一種行為。

(8) 受訪讀者們也表示最希望女同志出版社辦作者簽書會，將小說拍成電視電影，顯示出讀者喜歡以視覺做接觸的方法；在缺點方面認為小說內容不切實際無法打動人心最讓人詬病，且線上閱讀的介面難以使用。

(9) 至於在讀者忠誠度方面則可發現，無論作者的風格改變或跳槽都不會影響讀者對作者的喜好和支持，但一旦作者的作品品質下降，則無法持續吸引讀者。

本研究深度訪談的出版者和讀者中因張漠藍、林寒玉是為公眾人物，且已同意以筆名和真名公開外，其餘受訪者以隱匿名稱代替，受訪者介紹如下：

表 4-1　深度訪談之受訪者介紹

受訪者	生理性別	自介
張漠藍	女	北極之光出版社負責人與女同志小說作家。
自由之丘	女	參與北極之光出版社之經營，主要負責出版社美術設計相關事項，參與討論並協助執行各項營運事務。
林寒玉（小玉）	女	推廣同志運動多年，選擇以出版業做為支持同運的一種方式，集合出版社負責人。
REDWINE	女	性向為拉子，T，未出櫃，有閱讀跟購買拉子書籍五年以上，公務員。
喵	女	性向為拉子，P，未出櫃，支持與購買女同志出版社所出之書籍四年以上，從事電子業。
蘋果麵包	男	性向為跨性別拉子，已出櫃，有閱讀跟購買拉子書籍三年以上，便利超商員工。

從深度訪談中可發現，因環境不景氣，及出版業界的販書流程，皆嚴重影響了小眾文化的生計。北極之光與集合兩間出版社皆有資金運轉的問題，其在營運走向也有著明顯的差異。北極之光較偏向商業化並善用電子科技經營管理，如線上閱讀、作者在線上投稿發表小說等；集合出版社則是以同志運動做為基礎理念。兩家出版社皆有支持各種同志運動的行為，但集合較善用同志運動之人脈管理，所以針對實際接觸、面對面販售的行為較多。

在針對讀者與業者的訪談皆可發現，「認同」的理念是讀者與出版社業者支持下去的重要因素。認同自己的同志身分、讓自己感覺並不孤單寂寞，也希望藉由這一類的文本，重新並慎重地介紹女同志，褪去以往黑暗、汙名化的女同志族群。由於目前的女同志出版因為資金問題而銳減，再加上國家法令對於情色出版品需要包膜，無法試閱內容，且作者的品質良莠不齊，使得讀者們對於購買減低。所以在未來發展方面，業者與讀者皆提出了影像化的遠景，但女同志出版社必須先考慮如何克服當前之資金難關。

綜合質量分析，女同志族群藉由閱讀此類出版社所發行的文化商品而增加認同和了解女同志族群的生態文化。分析結果也顯示出版社營運與讀者期望間的矛盾衝突：從網路問卷可看出消費者喜好免費的網路文章。雖然出版社開發線上閱讀、舉辦作者簽書會等活動，但其操作介面與卻與多數人閱讀紙本的習慣相衝突；同時在深度訪談中可發現作者群的歷練與人生體驗都尚未純熟，無法持續寫作投稿，造成出版社收稿窘迫，出版的小說也無法打動人心，以及資金上的危機等，造成出版社營運之困難。在女同志網路小說消費調查部份也顯現出，同志運動不等於同志商業，女同志族群在消費購買女同志出版社之書籍時，並不盲目跟從，仍以作者品牌和內容因素為主要考量。

伍、結論與建議

本文綜合質量研究成果，主要發現如下：

(1) 讀者上網時數增多，但閱讀人口流失：女同志族群上網時間雖延長，但讀者群上網不一定要看小說，還有更多吸引讀者群的資訊，使得消費者線上付費閱讀的習慣尚無法建立。

(2) 女同志小說的主力購買群是學歷高中職專、T 族群與 26-30 歲以上，較有經濟能力者。

(3) 潛在開發市場：從調查中可知，受訪者之人口特質為學歷大學、年齡為 21 至 25 歲、性向為不分（可 T 可 P）者佔最多，但其目前卻不是主力購買者，未來或可更重視這些特質者，作為具潛力的開發方向。

(4) 讀者和出版社皆渴望女同志小說未來朝影像化的發展。

(5) 小說題材難以跳脫情愛範圍：從研究中亦發現，讀者期望能看到與自身相關議題的書寫，希望能看到『打動人心』與『多面貌』之題材故事，但目前市場上的創作深度不夠。

(6) 女同志小說作者出現斷層：根據研究結果顯示，女同志出版社之作者多視書寫小說是在閒暇時間的副業，學生作者則無法有純熟的寫作技巧與持續投稿。

(7) 資金短缺：女同志出版社資金短缺，無法舉辦更多促銷活動、支付作者稿費、出版雜項等費用。惡性循環導致女同志出版社營運狀況不佳。

綜言之，本研究的主要限制為網路樣本及樣本大小的問題，女同志出版社的出版品屬於小眾文化，在取樣上確有困難。此外也由於女同志受訪涉及隱私：深入訪談方面，訪談前必須先協調好受訪者與研究者之時間、地點、以及徵求受訪者同意等，在詢問合適的受訪者時，常常因此而被拒絕。但整體來說，本研究仍能為女同志出版領域及未來相關研究提供寶貴的資料和實務的建議，主要建議如下：

1. 女同志出版之相關研究甚為缺乏，未來的研究可針對相關議題，與本研究作比較分析。
2. 本研究此次深度訪談對象在讀者部分，均為三十歲以上、有經濟能力之上班族，但網路調查顯示，21-25 歲、學歷為大學者有開發潛力。建議未來的研究者可針對更年輕的女同志族群，做進一步的調查或訪談。
3. 未來女同志出版業者應首重解決資金短缺之問題，並積極拓展異業結盟。也要積極培植優良作者、開發非小說類文本；並善用意見領袖，展開口碑行銷，積極開發新客群。此外，複製女同志小說的影像化產品，改進線上閱讀的便利性和價格等，也是女同志出版社未來宜努力經營的重點。

參考書目

書籍：

辛廣偉（2000），《台灣出版史》，大陸：河北教育出版社。

李明等譯（2006），Chris Anderson，《長尾理論——打破 80/20 法則的新經濟學》，台北：天下遠見。

碩博士論文：

林昭妘（2005），《Blog 商業模式之研究》，國立政治大學國際貿易研究所論文。

林政榮（2002），《數位出版業者對數位出版內容形式之看法研究》，台灣藝術大學應用媒體藝術研究所論文。

許劍橋（2002），《九零年代台灣女同志小說研究》，國立中正大學中國文學系論文。

陳秀貞（2005），《台灣網路文學小說之文學社會學考察——生產、傳播、消費與社群的相互關連》，佛光人文社會學院社會學研究所論文。

陳信宏（2005），《從 Blog 使用目的，探索部落格商機》，國立台灣科技大學管理研究所論文。

陸雪芬（2004），《解嚴後台灣女同志小說敘事結構研究～一九八七～二〇〇三》，國立中正大學中國文學所論文。

郭媚琇（2006），《生活型態與網路使用行為——2004 到 2005 世新大學傳播資料庫之跨年比較》，世新大學廣播電視電影研究所論文。

黃志堅（2000），《網路圖文擷取與重排於電子出版之應用》，國立台灣科技大學電子工程系論文。

黃郁如（2002），《圖書出版業電子化程度評估之研究》，元智大學資訊管理研究所論文。

廖純怡（2006），《部落格反映的出版意義之研究》，南華大學出版事業管理研究所論文。

鄭敏慧（1999），《在虛擬中遇見真實——台灣學術網站 BBS 站中的女同志實踐》，國立台灣大學建築與城鄉研究所論文。

鍾兆佳（2002），《運動場上的彩虹足跡：以女同志球聚與「雷斯盃」為例》，世新大學社會發展研究所論文。

蘇威州（2001），《運用網際網路建構 Publishing on Demand 系統之研究》，中國文化大學印刷傳播研究所論文。

英文部分

Pittershawn, P. (2001), "The e-book revolution: self-publishing goes high-tech." Black Enterprise 31, p 49-50

Srinivasan, S. S. Anderson, R. and Ponnavolu, K. (2002), "Customer Loyalty in e-commerce: An exploration of its antecedents and consequences," Journal of Retailing. 78(1). p.41-50.

網路部分

新絲路／華文網：http://www.book4u.com.tw/mybook/。

印書小舖：http://www.pressstore.com.tw/ps/ShowPage.asp?page＝default。

優秀文學網：http://pod.yoshow.com/viewtopic.php?t＝43。

秀威：http://www.showwe.com.tw/schoolparabook/index.aspx。

數位閱讀網：http://reading.udn.com/pod/index.jsp。

李順興（2001），觀望存疑或一「網」打盡，http://benz.nchu.edu.tw/~sslee/papers/hyp-def2.htm。

須文蔚（2001），網路時代通俗文學產銷之傳播型態初探，http://www.nchu.edu.tw/～chinese/EO08.HTML。

王璿（2006），臺灣數位出版產業發展報告（2005～2006 年）http://mail.nhu.edu.tw/～publish/publish/index1110_1.html。

蛋捲廣場：bbs://163.13.240.11。

壞女兒：bbs://dawz.feminism.net。

5466：bbs://5466.KKCITY.COM.TW。

集合出版社：http://www.2her.com.tw/2006/。

北極之光：http://www.nlightbooks.com/new-web/。

拉子上網普查：http://www.taconet.com.tw/AdTaconet/-5ec32ac34f53633aae85a38ed8a1cf1f|1222934014-/dynamic_frame.htm?sid=lalainfo/survey/2

000/internet.htm&TACO=5ec32ac34f53633aae85a38ed8a1cf1f|1222934014。

第三次網路拉子人口普查：http://www.taconet.com.tw/AdTaconet/-c1aa5a1a9d69393cc71bb61fff0ad188%7C1228094852-/dynamic_frame.htm?sid=lalainfo/survey/2000/internet.htm&TACO=c1aa5a1a9d69393cc71bb61fff0ad188|1228094852。

陳徵蔚（2008），個人數位出版的美麗與哀愁，上網日期 2008.6.12，取自 http://mag.udn.com/mag/digital/storypage.jsp?f_ART_ID＝130728。

陳徵蔚（2008），傳統出版與個人數位出版的市場區隔，上網日期 2008.6.18，取自 http://mag.udn.com/mag/digital/storypage.jsp?f_ART_ID＝131654。

張盈堃（2003），網路同志運動的可能與不可能，取自 http://society.nhu.edu.tw/jccic/04/fu/4-03.pdf。

產業觀點思辯台灣推動數位廣播之歷程

世新大學廣播電視電影學系教授　蔡念中
世新大學傳播管理研究所研究生　陳美靜

壹、緒論

一、研究背景

1895 年無線電廣播序幕由義大利科學家馬可尼揭起，我國交通部則於 1927 年在天津設立第一個廣播電台，隨著無線電廣播的影響力逐漸普及、調頻技術的發明、中廣公司於 1968 年成立台灣第一座調頻電台，我國廣播科技也跨進不同時代（李蝶菲，2005）。

科技發明無終止之日，1985 年德國廣播技術研究所面對數位化技術，首先開始針對 DAB（Digital Audio Broadcasting）進行研究，DAB 以數位科技處理原先以類比方式傳輸的音訊，除可提供 CD 般音質外，更多了傳輸資訊的功能。目前 DAB 技術在歐洲已發展得十分純熟，廣播覆蓋率逐年提高，覆蓋區域包括歐洲各國和加拿大、澳洲等地，可以為共約一億五千萬人口提供各種創新服務。

1998 年交通部電信總局鑑於廣播科技邁向數位化是世界共同趨勢，於是擬定 DAB 推動計畫草案，並經相關公告、試播後，開放六家業者籌備設立。然截至 2009 年 7 月，除寶島新聲廣播電台外，其餘五家試播業者皆已退出市場。

二、研究動機與目的

從全球多數科技發展先進國家皆已全力投入傳播匯流發展來看，台灣 DAB 之推動過程實謂崎嶇，以現況回顧推動十年的產業政策，恐難稱為成功。研究者接受新聞局委託執行之 2006、2007 年廣播事業產業調查研究報告期間，聆聽相關業者對於產業發展之珍貴意見。由此，本研究擬立足數位匯流不可逆的趨勢，以產業實務觀點為台灣推動 DAB 之歷程提出不同思辨，當中關注焦點如下：

(1) 1998 年以來，政府挹注相當資源投入的 DAB 發展，其相關歷程為何？

(2) 政府如何扮演政策主要導引者的角色？

(3) DAB 現況的困境，對於仍然持續朝向匯流推進的產業發展，有何啟示？

三、研究方法

本研究分成籌備、執行、與分析三階段。籌備階段由研究者根據研究背景及目的設計研究主題與範圍，蒐集整理文獻後擬出內容架構；執行階段以深度訪談、焦點團體法分頭進行，求取本研究所需之相關事實佐證；分析階段，則將資料彙整，並召開學者專家討論會，會中綜合各方討論、建議，最後撰寫成本文。

本研究之深度訪談、焦點團體、學者專家討論會之參與狀況如下表一、二、三所示：

表一　受訪業者資料

場次	電台	姓名	職稱	執行時間
深訪 1	中國廣播公司	蘇文彥	前 DAB 處長	2007.10.11
深訪 2	亞洲電台	李懿堅	總經理	2007.10.11
深訪 3	台倚數位廣播公司	黃杉榕	董事長	2007.10.19
深訪 4	寶島新聲廣播公司	賴靜嫻	總經理	2007.11.01
深訪 5	好事數位生活廣播電台	李維國	總經理特助	2007.10.08

表二　廣播業者焦點團體參與名單

	姓名	服務單位	職稱	執行時間
會議主持人	蔡念中	世新大學廣播電視電影學系	專任教授	2007.10.19
協同主持人	陳清河	政治大學廣播電視學系	專任教授	
與會者	陳正修	福爾摩沙電台	民視企劃室經理	
	黃杉榕	台倚數位廣播公司	台倚董事長	
	林錫欽	台倚數位廣播公司	台倚經理	
	劉星妤	台倚數位廣播公司	台北之音營運總監	
	程美華	寶島新聲廣播電台	寶島總經理特助	

表三　專家學者焦點團體參與名單

	姓名	服務單位	職稱	執行時間
會議主持人	蔡念中	世新大學廣播電視電影學系	專任教授	2007.11.28
協同主持人	陳清河	政治大學廣播電視學系	專任教授	
與會者	陳春富	輔仁大學大眾傳播研究所	助理教授	
	黃雅琴	世新大學廣播電視電影學系	講師	
	賴祥蔚	中國文化大學大眾傳播學系	副教授	

貳、文獻探討

一、數位廣播發展進程

廣播發展從無線電傳輸開始，一路演進使得人們在訊息收聽上有了大幅度的改進。1980 年，德國廣播技術研究所首先開始研究 DAB（Digital Audio Broadcasting，DAB；簡稱數位廣播）技術，DAB 是繼 AM（調幅）、FM（調頻）之後的第三代廣播，其以數位科技處理傳統類比方式傳輸的音訊，減少傳輸過程中因干擾而產生的失真現象，提供聽眾如 CD 般音質的收聽效果。且由於數位音訊廣播比傳統的類比廣播多了傳輸資訊的功能，因此交通圖像、氣象預報、歌手照片、產品型錄、股票金融等包羅萬象的資訊亦可一併搭載傳送，於是數位廣播的發展被賦與整合其他技術、帶動相關產業革新的期望。

德國在慕尼黑附近進行的 DAB 實驗於 1985 年開始，隔年，德、英、法、荷等國之政府機構、廣播及產業公共同組成 Eureka 聯盟，制定被稱為 Eureka-147 的 DAB 規格（林漢年，2001）。1995 年二月，歐洲電信標準組織正式採用 Eureka-147 為歐洲數位廣播的規格（黃葳葳，2001）。目前 DAB 系統發展已相當成熟，歐洲各國已經普遍開播，當中尤以英國發展最為迅速。

根據 RAJAR（Radio Joint Audience Research Limited）在 2009 年所發佈的最新廣播電台收聽率調查，英國 15 歲以上廣播收聽人口達每週 4,550 萬人，DAB ownership 年增率 35%，如下表四顯示：

表四　英國 2008 年第四季廣播收聽率

	Weekly Reach %			Total Hours (millions)			Share %		
	Dec '07	Sept '08	Dec '08	Dec '07	Sept '08	Dec '08	Dec '07	Sept '08	Dec '08
All Radio	89.3	88.9	89.7	1,018	1,003	1,013	100	100	100
All Digital	29.9	31.4	32.8	169	188	186	16.6	18.7	18.3
DAB	16.8	17.8	18.9	101	114	116	9.9	11.3	11.4
DTV	10.3	10.7	10.9	32	33	33	3.1	3.2	3.2
Internet	5.7	6.2	6	19	22	20	1	2.2	2
Digital Unspecifie	7.1	7.8	6.9	17	19	17	1.7	1.9	1.7

資料來源：RAIAR, 2008.01.29，轉引自程美華，2009

在亞洲，中國大陸於 1997 年在廣東佛山建立亞洲第一個整合三座發射站台的 DAB 單頻網路（林寶樹，2003）。而南韓也於 2004 年 9 月在國際廣電大展（IBC, International Broadcasting Convention）中，展出其地面數位多媒體廣播（T-DMB, Terrestrial-Digital Multimedia Broadcasting）技術，在其研發製造出的手持型無線接收機上，可以利用串流技術完整接收影片，成為該年 IBC 大展中 DAB 展區最受矚目的新產品。

從前述有關數位廣播的相關文獻檢視中發現，雖然 DAB 的推動從廣播音訊出發，然在數位技術發展下，不論中國大陸亦或英國皆整合了資訊傳輸及影像傳輸功能於其中，韓國 T-DMB 技術更在結合即時交通資訊後大量拓展使用人口，韓國資訊通訊部（MIC, the Ministry of Information and Communication）亦肩負著發展資訊產業以激勵國內經濟復甦的責任進行政策推廣。

數位廣播規格開發對國家而言，代表一國技術產出能力及背後的經貿流通，技術先進國無不卯足全力開發專屬自己國家的規格，期待透過技術輸出帶動整體產業發展；而後進技術跟隨國所選用之規格，也代表其在各國勢力競逐中的偏倚。以韓國而言，其選擇之 T-DMB 與 DAB 採用的是相同核心技術標準—Eureka-147，但相容於 DAB 的 T-DMB 更具備了高速移動環境下接收訊號的技術優勢。另在上述二規格之外，有以美國為主的 IBOC（In-Band-

On-Channel）、日本為主的 ISDB-T（Terrestrial Integrated Services Digital Broadcasting），其相關比較如下表五：

表五　數位廣播技術簡表

技術簡稱	全名	技術特性	採用國家
DAB	Digital audio broadcasting（數位音訊廣播）	1. 頻寬約為 1.54MHz。 2. 使用頻段不同於 AM/FM 頻段，使用頻段為 Band III（174-240MHz）及 L band（1452-1492 MHz）。 3. 採用 MUSICAM 音訊編碼技術。 4. COFDM 調變技術。 5. 2006 年，WorldDMB 將 DAB 升級成為 DAB+。採用 AAC+ 音訊轉碼器、MPEG 聲音格式、Reed- Solomon 編碼。	英國、德國、西班牙、荷蘭、義大利、比利時、瑞典、挪威、法國、波蘭、愛爾蘭、丹麥、瑞士、奧地利、捷克、芬蘭、匈牙利、土耳其、立陶宛、加拿大、汶來、中國大陸、新加坡、印度、馬來西亞、南非、澳洲等 30 多個國家。
T-DMB	Terrestrial-Digital Multimedia Broadcasting（無線數位多媒體廣播）	1. 以 DAB 技術為基礎。 2. 使用 BSAC 或 HE-AAC V2 音訊編碼技術。 3. 視訊服務使用 AVC 編碼技術。 4. 使用 BIFS 進行互動資料編碼。	南韓為主，但德國、法國、挪威、印度亦已開始測試。
DRM	Digital audio broadcasting（數位音訊廣播）	1. 為 AM 調幅系統數位化技術，處理 30MHz 以下的頻段之數位化廣播。 2. 採用 COFDM 調變技術。	法國為主，但其他 29 個國家如匈牙利、德國等亦有採用。

		3. 採用 MPEG 4 HE AAC v2 技術。	
IBOC	In-Band-On-Channel（帶內同頻廣播）	1. 相容於 AM 與 FM 頻段，直接在原本頻段將訊號數位化。 2. 舊有業者繼續採用類比訊號，新進業者採用數位與類比混合訊號。若接收者無法進行數位訊號解碼，訊號便會以類比訊號傳送。	美國為主，但巴西、加拿大等國亦有採用，德國亦開始 HDradio 測試。
ISDB-T	Terrestrial Integrated Services digital Broadcasting（全球服務數位廣播）	1. 是日本數位廣播／電視採用的系統。 2. 採用 COFDM（PSK/QAM）調變技術。 3. 採用 MPEG-2 Audio（AAC）音訊解碼技術。	日本，而巴西在 2006 年亦決定採用 ISDB-T 系統發展數位廣播。

資料來源：蔡欣怡（2007）。〈數位廣播發展現況分析〉。公視策發部。

二、台灣廣播數位化進程

台灣廣播發展自 1950 年代陸續設立民營電台；60 年代軍用電台蓬勃建台；70 至 80 年代則逐步扶植公營電台；90 年代後，頻道大量開放經營。（蔡念中、陳清河、黃雅琴，2008）

交通部電信總局鑑於廣播科技邁向數位化是世界趨勢，於 1998 年擬定 DAB 推定計畫草案，行政院新聞局於 2000 年進而試播 DAB 的實驗，初期規劃將 19 家廣播電台分工成為四類、十組實驗台，嘗試推動台灣的數位廣播。政府初期規劃的四類，分別為全區、北區、中區、南區，當中四類共十組實驗台名單如下：

(1) 全區兩組：中廣；中央、警廣、漢聲、教育四家電台合作。

(2) 北區三組：飛碟、正聲兩家電台合作；台北之音、勁悅兩家電台合作；亞洲、台北愛樂兩家電台合作。
(3) 中區兩組：真善美、台廣兩家電台合作；全國、大苗栗兩家電台合作。
(4) 南區三組：南台灣、正聲、台廣三家電台合作；港都、高屏兩家電台合作；大眾。

實驗期間多家業者從業人員實地前往國外考察，中廣的李宗桂經理韓國考察之行更獲得財團法人張思恆文教基金會的補助（蔡念中等，2008）。

2004 年，第一梯次數位廣播申請開放，申設之頻率包含三個全區頻率；北、南區個兩個頻率；中區一個頻率，合計共八個頻率。提出申請的共有 15 家業者。

2005 年 6 月 26 日，第一梯次數位廣播頻率開放案審議工作完成，獲取核發許可的共計有六家業者，包含全區網：福爾摩沙電臺籌備處、優越傳信數位廣播股份有限公司籌備處、中國廣播股份有限公司；北區網：寶島新聲廣播電臺股份有限公司、臺倚數位廣播股份有限公司籌備處；南區網：好事數位生活廣播電臺籌備處。

六家核備許可的試播業者中，台倚數位廣播是唯一一家由電信公司主導的業者，由富邦集團的台灣大哥大透過台信電店控股公司出資 49.9%，與倚天資訊、台北之音及 IC 電台四家公司合資成立。

數位廣播推動之初帶著眾人高度期待，政府也在 2006 年因應數位匯流發展及監理革新趨勢，整合現行通訊及傳播分散之事權，將數位廣播監理之業務移轉至新成立的國家通訊傳播委員會（National Communications Commission, NCC）手中。然而隨著試播後的相關市場反應，以及原先市場設定籌畫之 DAB 規格在 NCC 成立後宣稱「技術中立」，使得數位廣播產業發展規格再度模糊，業者在前瞻方向未明下動能頓減。

各家業者自 2005 年取得執照後，雖然成立 DAB 聯誼會，但在許可證到期前，僅北區台倚數位廣播籌備處依照計畫進度申請電台審核，餘者皆向主管單位申請展延，抱持觀望態度。

在財務壓力及主管單位的法令詮釋影響下，國內拿到 DAB 廣播電台架設許可的六家業者各有乖舛命運：其中台倚數位因為兩大股東倚天與台灣大哥大均為上市公司，具有外資持股，受限於新聞局對外資的行政解釋令，遲遲未能拿到廣播執照；優越傳信在財務壓力下解散經營團隊；好事數位生活廣播電台則因為申請電台覆驗過程時，監理單位對於電台架設地點的法令解釋，架設許可證遭到 NCC 取消；福爾摩沙電台則因為背後股東民視最終決定主攻數位電視而放棄 DAB 數位廣播；中廣的許可期限則在觀望中過期，執照亦被取消。目前全台僅存寶島新聲廣播電台仍留在數位廣播市場之內（程美華，2009；施穎，2009）。

參、研究發現

本研究根據深度訪談及分別針對業者、專家學者進行的焦點座談，將 DAB 產業推動過程中的相關盲點與困境耙梳而出，分別羅列如下：

一、規格中立導致產業擘劃遠景錯失，整體起步落後

通常，國家的產業發展需傾產、官、學三方之力共同努力，而在數位廣播的推動上，雖然 1998-2004 年間各方皆摩拳擦掌等待 DAB 的大步起飛，然 2006 年 NCC 成立後舉起「技術中立」作法，並以廣電法限制 DAB 只能以聲音廣播為主，使得業者無法確認投入是否有相應回收，整體發展方向不明，產業動能逐步冷卻。

受訪業者李維國於訪談中表示：

> 如果我們能比其他國家先決定一個規格，能夠先情商營運，對於數位廣播的發展，甚至在對國外經濟上的推廣都是很好的事情。如果我們能夠在全世界證明這樣的使用是有效的，就能夠讓這個產業在世界發光發亮。像韓國把頻段拿去做移動電視的廣播，以國家力量支持推動，就在中國產生一個很好的商業效益。我們比別人發展得早，比別人走路的慢，所以到現在還是不如人，這實在是應該得到國家更多的幫助。

他進一步指出國家應扮演的角色：

> 推廣數位廣播對很多國家來講，是國家要做的事而不是民間要做的事。所以像韓國、中國都是國家先行，然後民營業者後跟，台灣一般的產業輔導也都是以這個方式來走，像工研院的一些輔導案子都是業者在後面跟著國家。可是數位廣播卻看到完全不一樣的方式，國家不讓公營電台設置，讓民營電台先走，在法規上不予鬆綁，變成國家沒有在實質上對數位廣播產生任何幫助。

受訪業者賴靜嫻另提到：

> DAB 上游服務商與供應商的市場都在國外，這對國內業者很吃力。一般民眾對 DAB 幾乎沒有概念，要提供產品的數量很難估。在上、中、下游的合作都面臨量產量化的問題。政府應當要有明確的政策來支援，否則數位廣播目前商機不明顯，大家只能撐。若政府僅給業者執照而不盡力推動，是將業者想得太厲害。

對於國家在世界產業體系的定位，她同樣提出憂心：

> 政府應當對台灣視聽環境、數位環境的建構有所規劃，政府到底要營造什麼樣的數位環境？想要什麼樣的產業模式？放進哪些技術？都會影響到產業對內、對外的發展。如果沒有明確政策，台灣永遠都只是個「代工廠」。

除此之外，受訪業者蘇文彥亦表達了規劃產業發展時程的重要性：

> 政府的媒體產業政策不能用科技匯流、媒體匯流一句話帶過，這名詞太模糊了，要匯流到什麼程度、如何匯流、都需要政府的引導。廣播產業、電視產業，頻道都是國家的，屬於公共財，政府應該要有政策規劃這些公共財在什麼樣的政策環境底下發展。產業政策要訂出來，不管數位不數位，要有個落日的時間，比方 FM 什麼時候落日、AM 什麼時候落日，訂出來比較容易讓業者去跟隨。

二、既有廣電三法束縛，缺乏數位匯流願景擘畫

匯流技術的發展，使得數位廣播早非昔日傳統廣播形式，嵌載其中的圖文、資料傳輸一方面帶給業者發展希望，但一方面又衝破既有法令限制。現行法規以傳輸媒體載具作為分類依據，但數位發展帶來的改變卻使得數位廣播的相關功能形同產業化外之地，欲投入之業者無法規可供依循；欲遵守市場規範者則苦等不到匯流相關法令。

受訪業者程美華認為廣播依然會在未來存在，只是需要不同作法：

> 數位廣播千萬別當成「廣播」，就像網路也不被當成一個工具，要把它想成新的產業，未來廣播還是會存在，只是由另一種形式出現，會加入許多新東西。……若網路科技的眼光，我們將 DAB 角色定位成 DAB-ISP，希望能以 ISP 角色

做廣播，有別於過去電台的服務，但涉及現行法令問題，政府觀念上必須修正，不能以過去做傳統廣播的思維來看數位廣播產業的發展，法令雖然跟不上數位內容與業者進行的事，但仍須跟著潮流走，不先做，永遠就是第二，第二就沒事好做了，只有第一名才能在產業上佔一席之地。

現有法規束縛的困擾，受訪業者陳正修亦有強烈感慨：

這法定政策無法跟上時代：當初申請「福爾摩沙」就是希望數位電視能與數位廣播做結合。但在規定上，數位電視不能做數位廣播，數位廣播不能做電視影像及攝影，我們希望兩者結合發揮相輔相成的構想因政策法令而落空。法令一再限制新科技對廣播的定義，是造成 DAB 無法啟用的重要原因。

且在面對匯流時的產業競爭，陳正修更清楚指出 DAB 的弱勢：

對照這段時間政府對 WiMAX 的支持，放在電信法規範底下的 WiMAX 可以做它想做的事情，相較之下數位廣播的限制就太大，因為它的頻率是無償取得，必須受廣電法限制，不能期望做電信服務，對 DAB 的發展有很大影響。政府在法規上必須趕快開放，因為沒有一個投資者願意投資在一件不合法的事情上面，如果不能允許他做理想上的營運，就不能吸引大家的投資意願，國家推動數位廣播的效益一定打折。

如果徒守舊時定義，受訪業者郭懿堅認為廣播的未來並不樂觀：

數位已經進行到，廣播不只能供公眾收聽聲音，也能夠把影像、資訊傳遞給你。所以廣播、電視、電信，都是匯流在一起的東西，不能用廣播特殊的法源來限制業者。電台目前最大的是法令問題，不能經營資訊、不能經營電視，你給我的執照是供公眾直接接收聲音，這樣才叫做廣播。只因廣播執照是特許事業，就只能做廣播事業。超越原本定義的「廣播」業務，就什麼都不能做。

三、現有廣播垂直營運過程宜轉為「製、傳、播」之水平分工方式

傳統類比時代的產業運作，廣播電台可以從訊號發送一路經營到音訊內容產製。然而面對匯流時代影視、電信產業的競爭，廣播電台宜專精於自身優勢的內容供應者角色，將優勢發揚光大，並將產業鍊中其他部分水平切割而出，集中運營效能。

郭懿堅對於自身優勢位置的看法表達如下：

亞洲廣播屬於一個流行音樂平台，我們在音樂領域建立很多的資料庫。那現在也跟不同公司做策略結盟，將我們的音樂資料庫及好節目供應出來，以外賣方式結盟。

受訪業者黃杉榕同時認為分工可以正向促進產業發展：

一個產業如果要快速發展，一定要談分工。每個業者找到自己可以努力的地方，把它做到很深、很棒，每一個加值面做好，讓客戶感覺便宜又好用。

陳正修則直接表明製、傳、播分離的作法應該越快執行越好：

我認為應改成「製、傳、播」。目前修訂的通訊傳播管理法中，有內容、頻道服務、基礎建設三層結構，相關結合就在中間那層服務的部份這樣的方式要越快越好。

蘇文彥直指廣播產業最適宜走的就是成為內容生產者：

廣播產業還能夠走的一條路，是可以變成一個內容生產者，他已經是一個內容的生產者，假設他能夠專注在內容生產，而政府幫忙把發射的部份讓其他業者負擔時，他就能做一個很稱職的內容生產者。

四、數位匯流下產業彼此競爭，數位廣播經營更見艱辛

過往當電視僅為電視、廣播僅為廣播時，彼此可以追求各自廣告市場利潤，然當科技匯流逐步產生，電信可以跨足廣播電視、廣播也需與電視競爭廣告市場時，相形弱勢的數位廣播便更見困境。

李維國即以 WiMAX 表達 DAB 的窘境：

數位廣播的國家政策比較慢，目前在還沒有完成發展、產生 Bussiness Model 之前，就已經遇到 WiMAX 或是網路新科技的衝擊。十年前做無線網路廣播，1.5MB 的頻寬會讓很多人羨慕地流口水，數位廣播可能可以有很大的發展。但是像現在，WiMAX 隨便下載速率就是幾十 MB，上傳也可以達到相同效率的時候，1.5 MB 扣掉節目播出後，對消費者的吸引力就沒有那麼大。

陳正修反從運營角度去看待產業競爭下，DAB 經營的困難點：

傳統廣播電視廣告有兩個基本操作條件：第一、必須達到基本的經濟規模，廣告商才願意下單；第二、必須根據收視率與收聽率來決定要下多少廣告。數位廣播現在沒有收聽規

模，收聽率幾乎未開始，以舊有的類比廣播電視經營模式去拓展業務，相當困難。

肆、研究結論

政府推動 DAB 計畫草案迄今渡過了 11 年，早期政府、民間看好數位化科技的急速發展而積極投入，但經歷產業競爭、政策未明後，業者熱潮各自轉淡，如今看來實難稱此為成功的政策推展。

數位化技術現今依然在台灣進展，廣播產業雖未達成 DAB 的轉換，但仍然以其聲音陪伴著所有聽眾，電信或傳統影視更在產業蛻變下彼此交疊糾纏。DAB 的政策現況不會逆轉台灣朝向數位匯流發展的方向，但在業者慘痛的經驗底下，研究者認為實有迫切必要探究下列面向，不僅為了僅存一家的 DAB 業者，更為了台灣整體未來數位發展的公共利益：

一、明確擬定產業發展政策

從 DAB 推動歷程中可見缺乏明確產業政策定位，不僅使得業者無所依循，更因此造成投資意願減緩，整體產業發展受阻。政府身為政策主導者，評估整體國家發展後訂定明確產業發展方向實為必要。

二、數位匯流法規建置

鑑於數位科技發展，依載體劃分的法令已不再適用於現實，不論是 DAB、MOD、行動電視，皆無妥適法令規範，如同受訪者提到，不會有業者願意做違法生意，但當匯流趨勢已至，固守舊時法令只會讓產業愈受束縛。匯流法令除了帶來產業健全生態，更可使產業進展帶來的便利均沾於全民。

三、產業水平與垂直分工規劃

過往傳媒依據各自屬性不同，產業分工亦有極大差異，然面臨數位化後，跨屆互通的情形已為常態，產業分工界線逐漸模糊。於此產業歸管若仍依據垂直載體區分、進行輔導，其成效恐將有限。依據受訪者表示，以製、傳、播分工規劃，不同業者可就各自專長領域切入，發揮其專精項目，讓各個水平階層皆有精緻表現，使整體產業更加繁榮。

參考書目

林寶樹（2003），《數位多媒體廣播——數位廣播未來的天空》。〈數位視訊多媒體月刊〉，2003 年 5 月號。

李蝶菲（2005），《台灣廣播業界採納數位廣播（DAB）過程之研究——以中廣公司為例》。世新大學廣播電視電影研究所碩士論文。

施穎（2009.6.18），〈NCC 宣布廢止中廣數位廣播電台〉。《銘報》，媒體觀察。

程美華（2009），《從新媒體融合探討數位廣播的營利模式：以寶島新聲廣播電台為例》。政治大學科技管理研究所碩士論文。

黃葳葳（2001），〈DAB 服務內容與法規研議〉。《數位視訊多媒體月刊》，2001 年 10 月號。

蔡念中、陳清河（2007），95 年度廣播事業產業調查研究。行政院新聞局委託台灣經濟研究院之研究案。

蔡念中、陳清河、黃雅琴（2008），96 年度廣播事業產業調查研究。行政院新聞局委託台灣經濟研究院之研究案。

蔡欣怡（2007），〈數位廣播發展現況分析〉。公視策發部。

性別、族群與多元文化

客家三腳採茶戲「桃花過渡」之跨劇種改編策略與表演特色

交通大學客家文化學院傳播與科技學系助理教授　張明傑

壹、研究背景

三腳採茶戲被認為是台灣客家戲曲在音樂、唱腔、劇情與表演藝術的根源（鄭榮興，2001），在客家文化與台灣地方戲曲中都有重要的地位。客家三腳採茶戲的主要劇目是關於賣茶郎張三郎出門賣茶之旅的故事，將客家人主要的經濟活動：採茶與賣茶，搭配上客家山歌、客家戲曲、以及客語中的民俗俚語等表演藝術。

關於客家三腳採茶戲的介紹資料之中，一般是列舉十大齣劇目（鄭榮興，2001；徐進堯，1984）。將其中有關賣茶郎張三郎的原始採茶戲劇本，稱為前七齣。另外的後三齣則是後來吸收進採茶戲劇目的（鄭榮興，2001, 2007）。在這後三齣的客家三腳採茶戲中，出現了一齣「桃花過渡」，這是很有趣的現象。因為「桃花過渡」這個劇目同時也是台灣閩南語車鼓戲的代表劇本之一（呂訴上，1961）。最常見的演出方式是歌仔戲小戲演出與閩南民謠的演唱。由於其中的「桃花過渡歌」在台灣傳唱已久，十分受到觀眾歡迎，近年甚至演變成以交響曲編曲演奏的台灣民謠音樂會常見的高人氣曲目（e.g.，又見客家交響之夜 DVD，2006）。

在代表客家戲曲歷史文化的客家三腳採茶戲中，竟然也有與閩南戲曲共通的劇目「桃花過渡」，這似乎透露著某種被忽略的閩客戲曲文化互動的一頁歷史。如果以「桃花過渡歌」作為台灣閩南語民謠的代表曲目作出發點來思考客家「桃花過渡」，是否是客家戲曲在發展過程中與閩南戲曲之間產生互動與相互影響之戲的產物？是否是閩南曲調「桃花過渡」也廣受客家人歡迎，因此由客家採茶戲藝人吸收進客家採茶戲劇目之中？或是代表著客家採茶戲藝人為了拓廣觀眾群，而以桃花過渡這個閩南語觀眾熟悉的題材，編創出讓閩南語觀眾族群也能欣賞的客家採茶戲？這些問題，是研究者在整理客家採茶戲文獻與「桃花過渡」源流相關文獻時，看到客家採茶戲劇目中有「桃花過渡」一劇，所產生的聯想與疑問，也是本文討論「桃花過渡」在台閩戲曲中各種面貌所採取的出發點。

根據探討「桃花過渡」源流與演變的兩篇主要文獻（周純一，1989a；周純一，1989 b；李佳蓮，2004），與客家「桃花過渡」類似的「桃花過渡」，普遍存在台灣、福建與廣東所流行的傳統戲曲劇種之中：從福建的梨園戲與高甲戲（稱作「桃花搭渡」）、到台灣的車鼓戲與歌仔戲、以及廣東潮州戲「蘇六娘」，都可以看到「桃花過渡」的劇目。這些「桃花過渡」小戲版本，雖然並非完全相同，但在故事、人物、曲詞以及音樂的過門等種種特性，卻又十分相似。因此，在討論客家採茶戲「桃花過渡」與閩南戲曲之間的關係時，必須一併考察比較上述的車鼓戲、歌仔戲、梨園戲、高甲戲、潮州戲等相關的「桃花過渡」版本，才能得到比較完整的「桃花過渡」流傳演變全貌。雖然桃花過渡的劇情來源，學者認為可以追溯到明朝萬曆年間刻印的潮調「蘇六娘」傳奇的殘本（周純一，1989 a），但由於「桃花過渡」在這些劇種的流傳已久，也由於民間戲曲以口述方式傳承居多，因此缺乏文獻明確記載的直接證據來確切考據「桃花過渡」的發展過程與源流。在缺乏文獻直接證據的限制下，透過相互比對「桃花過渡」在不同劇種中不同版本的劇本，仍然可以透露出「桃花過渡」的流變過程。

本研究以上述文獻討論之「桃花過渡」版本流變過程為基礎與討論框架，分析客家採茶戲「桃花過渡」的劇本與表演影像的內容中，在劇情上下文、人物設定與唱曲特徵中所留下的跨劇種流傳改編的痕跡。內容分析也企圖推測哪些部分可能是客家藝人將「桃花過渡」進一步合理化成為客家三腳採茶戲代表劇目的一部分。

貳、文獻探討

「桃花過渡」（在潮劇與梨園戲中稱作「桃花搭渡」）的劇情與人物本事原型應為明朝萬曆年刊行的「蘇六娘」傳奇（周純一，1989 a；李佳蓮，2004）。其中關於「桃花搭渡」的情節上下文簡介如下：

蘇六娘故事裡提到呂浦人蘇六娘寄讀西臚，愛上西臚書生郭繼春，之後被父母召回家中，打算另行許配給饒平楊家大秀才。由於蘇六娘許久沒有郭繼春的信息，便寫信給郭繼春，托婢女桃花渡江前往西臚送信。這是為何桃花要搭渡過江送信的主要故事背景。（之後還有蘇六娘與郭繼春計畫私奔不成、負氣先後雙雙自殺、而又死而復生、終成眷屬等情節，則不在本文討論範圍內。）

不論是潮州戲或是梨園戲高甲戲南管戲系統的「桃花搭渡」，其劇情結構都包含以下的部分：桃花與渡伯說明渡江緣由，渡伯願意幫桃花渡江，條件是請桃花唱歌。桃花唱「點燈紅」歌（歌詞以「正月點燈紅」開始，或作「點燈籠」歌），歌詞採取十二月份順序詠唱，內容是關於女子思君與調侃渡船人，在戲中多半只唱到六月。除唱曲外，對白中還有桃花與渡伯間的機智對答。在此劇中渡伯具有成人之美的胸懷，願意幫助桃花渡江，但又想考驗桃花的唱歌與對答的功力。而桃花則音年紀尚小，應該是 10 到 12 歲之少女，因此是用「思無邪」的方式唱出「點燈紅」與渡伯對唱。可以說是唱詞內容抒情，演出效果也能充分表現撐船過渡歌舞身段，並表現桃花與渡伯兩個人物之機智可愛的討喜劇目。[1]

李佳蓮（2004）將「桃花搭渡」戲中主要演唱的歌曲分為兩大系統：「點燈紅」以及「桃花過渡歌」。上述的潮州戲以及梨園戲高甲戲南管戲系統兩大劇種的「桃花搭渡」，便屬於「點燈紅」系統，而這兩種唱「點燈紅」的劇種，在劇情上都與原本的蘇六娘十分接近。李佳蓮（2004）認為是改編過程的名實相符。

而「桃花過渡」另外一系統所演唱的，就是在台閩流行的「桃花過渡歌」（歌詞以「正月人迎尪」開始）。「桃花過渡歌」在唱詞與歌曲上與「點燈紅」除了同樣以十二月份為結構進行之外，基本上是另一首曲子。周純一（1989）指出，在台灣傳唱的「桃花過渡歌」的歌詞紀錄，最早可以追溯至清道光丙戌年（西元 1826 年）刊行的「新傳桃花過渡歌」。其中除了收錄「桃花過渡歌」（「正月人迎尪」），也將「點燈紅」（正月點燈紅）標為：「又桃花過渡」。表示當時這兩首歌都十分風行。而「正月人迎尪」或許為比「正月點燈紅」更新創作的歌曲，才會有新傳桃花過渡歌之歌仔簿題名。

「桃花過渡歌」在呂訴上（1961）的台灣電影戲劇史中被列出是他所收集到的六個原始車鼓戲劇本之第三齣。而緊接著第四齣車鼓戲劇本就是「桃花搭渡」之「點燈紅」。呂訴上同時說明在車鼓戲的演出方式，可以單獨演出，也可以幾個小戲群連串演出。推測

1　作者注：此處潮劇劇本依據周純一（1989 a）之版本，而梨園戲劇本依據陳玉慧（2003）與林雅嵐（2004）所收錄之江之翠劇團演出版本。

不論是車鼓戲或是桃花過渡歌謠演唱，有一段時間是兩首歌曲都同時流行的，若照呂訴上所錄之順序，應是先唱「桃花過渡歌」，後唱「點燈紅」，或許演出者與演唱者也可自行選用。現在「燈紅歌」早已不流行，但桃花過渡歌由於曲調簡單，容易朗朗上口，加上具有渲染性的「嗨呀囉的嗨」的過門，無論傳唱與搭配歌舞都比「點燈紅」歌更受歡迎，因此已經成為台灣傳統民謠代表曲目。

但是對照車鼓戲「桃花過渡」劇本（呂訴上，1961）以及梨園戲「桃花搭渡」劇本（陳玉慧，2003；林雅嵐，2004），車鼓戲中的劇情設定演變成單身女子桃花有一日來到河邊要渡河，與年紀大的渡伯在船上唱歌打情罵俏的故事。桃花要渡江的理由已經與蘇六娘故事緣由沒有明顯關聯，或是故意忽略不交代。在這個階段中，李佳蓮（2004）認為蘇六娘桃花搭渡情節流傳到車鼓戲以及之後的歌仔戲小戲中，原本劇情被改得名不符實，只徒具桃花的腳色名稱。但是若假設車鼓戲的桃花過渡是與梨園戲毫不相干的另一齣戲，渡伯出場又有演唱類似的新造渡船之歌。總之現況的車鼓戲（呂訴上收錄之劇本）與歌仔戲桃花過渡，的確是發展成與梨園戲「桃花搭渡」有直接關聯的相似性，卻又以更廣為流行的「桃花過渡歌」（正月人迎尪）作為核心的唱段。

綜合以上「桃花搭渡」的演變過程，演唱「燈紅歌」的潮劇與梨園戲系統，同時也保有蘇六娘傳奇劇情。而流傳到車鼓戲與歌仔戲，演唱「桃花過渡歌」的時候，就將蘇六娘劇情淡化不交代，而呈現不知名的單身女子桃花與調情的渡伯，增加許多男女褒歌、打情罵俏、鬥歌相罵、開黃腔、並搭配相對應的歌舞動作的彈性空間。

而關於客家採茶戲發展出的桃花過渡，周純一（1989 b）以海陸豐白字戲（一種以客家語言演出潮州音樂泉州唱腔劇本的劇種）之中也有「桃花過渡」戲，內容與潮劇「桃花過渡」折子戲完全一樣，只是對白改用帶泉州腔的客語來演出的例子，來說明「桃花過

表一　前人整理桃花過渡不同版本的兩個系統

分類	劇種劇目	桃花人物設定	渡江事由	主要唱曲（附歌詞開頭）	補充說明
系統一	潮劇：「桃花搭渡」	蘇六娘之婢女	送信給郭生	點燈紅（正月點燈紅）	有全本蘇六娘與桃花搭渡折子戲；只唱到六月
	梨園戲：「桃花搭渡」			點燈紅（正月點燈紅）	只有桃花搭渡折子戲；只唱到六月
	海陸豐白字戲：「桃花搭渡」			點燈紅（正月點燈紅）	對白使用客語，其餘與潮劇相同
系統二	車鼓戲：「桃花過渡」	單身女子	出門玩耍	桃花過渡歌（正月點燈紅）	可接唱點燈紅
	歌仔戲：「桃花過渡」			桃花過渡歌（正月點燈紅）	與車鼓戲同，但沒有點燈紅

渡」傳入客語戲曲的初步軌跡。但是對於現存的三腳採茶戲劇本，周純一的討論是根據徐進堯（1984）所出版之劇本，討論採茶戲「桃花過渡」改唱客家山歌「撐船歌」的特性。周純一認為客家的「撐船歌」與前述潮劇與梨園戲的「點燈紅」都以十二月份或四季作為歌詞的結構來演唱不同，反而不落俗套。而李佳蓮（2004）雖然比較了徐進堯與鄭榮興兩個採茶戲劇本版本，並參照賴碧霞的山歌歌詞版本，但她以改編劇目是否保持蘇六娘故事情節作為評價標準，認為客家採茶之「桃花過渡」已經將蘇六娘情節改得面貌不全，情節與原貌相差太遠，人物的特性也變質，因此她並不欣賞客家的「桃花過渡」版本。

筆者認為周純一的桃花搭渡研究對客家採茶戲的討論稍有不足，可以再加補充。而對於李佳蓮的蘇六娘演變研究的論點，筆者認為可以採取更寬容的角度，不一定以改編劇本是否忠於劇情發源的故事為主要評論標準，而可以改採取以下觀點：客家三腳採茶戲改編的「桃花過渡」之後，其內容特性表現了哪些背後的改編策略？這就是本文接下來的探討重點。

參、「桃花過渡」與三腳採茶戲

採茶戲主要流行於桃竹苗一帶的客家地區。關於客家傳統三腳採茶戲的源流，一般公認是由廣東客家人（或稱新竹寶山人，苗栗頭份人）何阿文先生在 19 世紀中葉（清朝同治年間）由廣東傳入台灣（徐進堯，1984；陳雨璋，1986），主要語言是流行於廣東嘉應州的四縣腔客語。一般認為在傳入台灣時的形式，已經具有小戲型態的演出形式，而不只是單純的歌曲或歌舞形式。傳入台灣後大約流行到 1910 年代。1920 年代受到歌仔戲流行之影響，傳統客家戲曲逐漸轉型為客家大戲（又稱改良戲），三腳採茶戲仍以編制小的機動性方式持續在民俗宗教節日或是江湖賣藥商業場合演出。由於客家三腳採茶戲保存了許多客家的戲曲音樂（有九腔十八調之稱）、山歌曲調以及生動的客語說白與丑角的逗笑藝術，因此在客家文化、語言與藝術的保存與傳承上，三腳採茶戲可說是具有寶貴的價值。

關於三腳採茶戲的「三腳」名稱由來，主要是指腳色的編制是「一丑二旦」三個腳色。早期採茶戲從「一丑一旦」的二小戲與「一丑二旦」的三小戲為基礎開始發展，因此俗稱客家採茶戲班為「三腳班」。而採茶戲的劇本，也是按照二小或三小的腳色編制來發展。

台灣傳統客家三腳採茶戲的劇目，主要以「張三郎賣茶」的故事為核心，表現客家人傳統的主要經濟活動：上山採茶與出外賣茶。根據徐進堯（1984）以及鄭榮興（2001）的整理，都認為三腳採茶戲主要有十齣。在此僅收錄鄭榮興（2001）對於傳統三腳採茶戲的劇目整理與說明，與徐進堯大致上類似：主要有賣茶郎故事七齣，分別為「上山採茶」、「勸郎賣茶」、「送郎綁傘尾」、「糶酒」、「勸郎怪姐」、「茶郎回家」、「盤茶」（含「盤堵」），再加上後來的「問卜」、「桃花過渡」、「送金釵」等，共計十大齣（但鄭榮興的書並未交代後三齣的加入發生在何時）。在演出時可按照實際狀況決定內容之多寡、或是改變演出次序，因此在場次安排上十分彈性自由。每一齣戲目可單獨演出，作為獨幕劇的形式，也可全部串連起來成為連臺劇來演出。

關於賣茶郎張三郎的故事，由劇目可看出劇情大致分前、中、後三段。主角是張三郎、妻子與妹妹三人。前段主要是採茶收成之後，妻子勸張三郎出門賣茶，因此有張三郎與妻子妹妹送別的劇目。而中段張三郎出遠門賣茶的旅途中留連酒家，認識了賣酒大姐。後段是張三郎出門三年後回家，與妻妹相認，但是因為把茶錢賭博輸光了，妻子生氣離家，張三郎只好到岳家請求妻子原諒，最後一家團圓的故事。

徐進堯（1984）與陳雨璋（1985）都認為「桃花過渡」等後三齣與張三郎故事缺乏關聯性。陳雨璋引述黃金祥的說法，將張三郎故事之外的採茶戲，像「糶酒」、「勸郎怪姐」、「十送金釵」、「桃花過渡」等，都稱作是「插花」曲目，來源主要是客家小調（陳雨璋，1986：36）。黃金祥解釋，在戲班班主改編劇目的過程中，

> 「桃花過渡」可以是妻子外出尋找三郎，遇到船夫，兩人相罵的對唱；也可以是三郎無錢，而當起船夫的故事。因此這些小調適用的情節是隨人邊的。甚至在表演前說好即可，因為對白是即興的，而情節是靠對白來表明的，因此情節的改變是容易的事（陳雨璋，1986：36-37）。

這樣的彈性改編在採茶戲本後三齣的腳色姓名改寫上十分明顯。原本採茶戲七齣裡面，只有張三郎有名字其他腳色都是妻、妹、酒大姐等以張三郎為中心界定的身份稱謂。而後三齣男女主角姓名其實原本都與張三郎無關。像「送金釵」一齣原本腳色是賣雜貨財主哥與女顧客阿乃姑，改編後阿乃姑變成張三郎妻。「桃花過渡」則是將桃花單身渡河的故事改成桃花（妻）（在徐進堯版本裡面叫洪桃花）與金花（妹）出門搭渡過河尋夫的情節。但是在「問卜」一齣的林桃花去找算命師詢問其夫江宜巴何時回家，則是改成張三郎妻叫林桃花，而張三郎改名江宜巴。因此，後三齣裡面的張三郎有另一個名字，而張三郎妻有兩種名字，桃花也有兩種姓氏。如此分別在每一個小戲中更改部份腳色的名字，卻又沒有企圖將整個十大齣中的劇中人物統一改名，所遺留下來的「改編不完全」的痕跡與線索，令人懷疑是否這樣的劇本也只是真實演出眾多彈性可能的某一種。

但另一個角度來想，這些戲原本的人物腳色，其實深受觀眾喜愛，具有超越改編的魅力，使得藝人仍需要保留原來劇中特定的腳色人名。像「問卜」應該是為了保留江宜巴在算命台詞中的笑點，而不惜讓主角張三郎改名。像阿乃姑應該是形象鮮明的精明女人。或許換成桃花來買貨觀眾反而不相信。而搭船過渡一事，根據桃花過渡已經廣為流傳來判斷，女主角也不得不叫桃花才行。腳色名稱「改編不完全」，推測應該是前輩藝人欲將這些受觀眾歡迎，並且富有戲劇效果的後三齣改編吸收進採茶戲，但又不得不保留原有劇目早已流行的人物名稱來維持觀眾對這個已經流傳的劇目的認知，所採取的彈性策略。

而在鄭榮興整理的版本中，「桃花過渡」中加入了妹妹腳色，改成一丑二旦的三腳戲編制，這似乎是改編藝人企圖將「桃花過渡」的編制「合理化」，成為三腳採茶戲傳統，以便在介紹整個十大齣時，還可以說桃花過渡是三腳戲的代表性劇目。但在筆者看來，即使以原本兩個腳色的桃花與渡伯，按照採茶戲的演法演出（例如黃秀滿劇團 2004 年發行的「風流撐船哥」DVD），也無損客家採茶戲的特色。如果特別強調桃花過渡與張三郎故事的關係（姊妹尋夫）以及桃花過渡為三腳戲的代表，則有像學者霍布斯邦 Hobsbawm（1983）所提出的重新創造發明傳統（invented tradition）的嫌疑（轉引自陳思文譯，2002）。

關於前七齣吸收後三齣的理由，雖然鄭榮興（2001）提出解釋是因為一般內台戲演出檔期是十天，或許是原本的七大齣需要吸收更多戲目以湊足十大齣。但筆者推測更直接的理由應該是吸收原本就受歡迎的另外三個客家小戲。而這後三齣因為與原本採茶題材無關，納入三腳採茶戲劇目時，或許企圖將採茶戲名稱「合理化」，便將腳色名稱彈性改寫，以便讓十大齣都可以算是客家三腳採茶戲。（這也是重新創造發明傳統的另一個嫌疑。難道採茶戲不能是一個劇種名稱，而一定要是題材名稱嗎？是否可以成立「非採茶」客家三腳戲的概念？也許可以另外再作討論。）

肆、客家桃花過渡的劇情演變痕跡

客家「桃花過渡」的劇本情節，根據鄭榮興（2001）的版本，人物有張三郎妻桃花以，妹金花以及渡伯三人，情節如下：

> 張三郎出門賣茶，一去數年，沒有音信，妻子桃花與妹妹金花相諧想要去尋找他，兩人來到渡口想要過河，船夫見兩位漂亮姑娘，建議唱對山歌比賽，若是贏了，可免費載她們渡河，若是輸了，則要與他作老婆。因而與桃花金花對唱起山歌，是三腳採茶戲典型的相褒戲。（鄭榮興，2001：97）

但是根據徐進堯的版本，只有桃花與渡伯兩人。桃花出場時自報家門，說：「奴家洪氏名桃花，領了阿娘之命，到在西螺鄉里，尋找官人郭其春，回轉家鄉同我阿娘夫妻相會」（徐進堯，1984：58）。徐進堯並在注釋中說明「因為女主角叫洪桃花，故名『桃花過渡』」（ibid：59）。在此可以看到兩個客家桃花版本的不同。鄭榮興收錄的已經是被客家三腳採茶戲規範「合理化」的版本（採茶主題與三腳編制）；而徐進堯收錄版本卻明顯看到與前述蘇六娘傳奇的劇情關聯。雖然鄭榮興版與徐進堯版都是傳承自前輩藝人，但徐進堯版的人物與故事上下文可能更接近改編前的客家「桃花過渡」原貌。其中的郭繼春被轉音成為郭其春，地名也由西爐改成台灣西螺，可能是刻意在地化，也可能是長期口誤。但不管差異的原因如何，根據桃花的自報家門作依據來推測，徐進堯版客家採茶的「桃花過渡」應該比閩南車鼓戲的「桃花過渡」更直接承襲潮劇之蘇六娘。

但是客家「桃花過渡」的另一項特徵：唱曲，卻又透露著不大一樣的蘇六娘故事在不同劇種演變的特質。客家「桃花過渡」唱的是「撐船歌」，但卻具有「嗨呀囉的嗨」的過門。關於「嗨呀囉的嗨」的過門與閩南民謠「桃花過渡歌」（以「正月人迎尪」開頭）曲調與唱詞相同的現象，鄭榮興（2001）解釋，桃花過渡中的撐船歌，過門有老腔與新腔之分，老調只有「哪嗨哟」，新腔則是受到閩南語歌謠的影響，唱作「嗨呀囉的嗨」。

關於徐進堯版客家桃花過渡同時具有蘇六娘故事劇情痕跡以及閩南車鼓戲「嗨呀囉的嗨」的現象，也許可以推測客家「桃花過渡」的版本形成，其實有多重來源，先根據潮州戲的桃花改編發展，因此具有蘇六娘劇情痕跡，但是在台灣實際演出時，卻又受到車鼓戲「桃花過渡歌」廣為流傳的影響，採取「嗨呀囉的嗨」來當做歌謠的過門。這樣兩階段的發展路徑，應該比較能合理解釋客家桃花過渡的現存面貌。而這嗨呀囉的嗨的過門，也讓客家桃花過渡在表演的調性上更趨近於閩南車鼓戲的男女調情調戲與鬥歌相罵的內容，而遠離潮劇與梨園戲的比較抒情的山歌對唱方式。

在人物設定與表演調性上，李佳蓮（2004）批評車鼓戲與客家採茶戲將蘇六娘之桃花渡伯人物形象嚴重變形的一個主要原因，其實是因為潮劇與梨園戲的桃花尚未成年，應為 10 至 12 歲的婢女，因此與渡伯對唱之關係類似父女或祖孫。而車鼓戲與客家戲設定的桃花為單身女子或是少婦尋夫，與渡伯的對唱，就有許多調情與淫穢的空間。當然車鼓與採茶在文獻記載就常以淫穢而被禁演，因此客家桃花以成人版的品味來改編，或許也不足為怪。

在歌唱內容上，客家桃花「撐船歌」歌詞有兩個版本：12 月份山歌版本（以「正月裡來是呀是新年」開頭），以及「日頭出來就一丫一點紅」的男女對唱鬥歌版本。在所收錄到的演出記錄中，徐進堯 1984 收錄版本只唱「日頭出來」的版本，而鄭榮興版本（2001）與黃秀滿劇團（2004）都唱 12 月份版本，並且兼唱一部分的「日頭出來」的歌詞。推測應該是有兩個版本的撐船歌歌詞同時流行。12 月份版本的歌詞結構是按月份來對唱相罵，而日頭出來則採取「一點紅」與「白白漂漂」的對比唱詞作結構的傳統歌詞結構來對唱相罵。周純一（1989 b）認為客家桃花擺脫潮調與梨園戲裡以 12 月份歌或四季歌來唱「桃花過渡」的說法，應是沒有參考到客家 12 月份「撐船歌」的版本所致。

鄭榮興版（2001）的劇本其實包含了兩段撐船歌，結合了賴碧霞的十二月份撐船歌以及徐進堯的以「日頭出來就一丫一點紅」版本為基礎的男女相褒鬥歌的九段歌詞。也許在傳統演出時其實兩段都可彈性演唱，但在影像資料方面，根據鄭榮興（2007）整理拍攝出版之客家三腳採茶戲 DVD，則是簡化過的版本，在撐船歌部分，12 月份的歌詞完全省略，比他 2001 年發表的劇本整理內容簡單。

「日頭出來就一丫一點紅」也有幾句省略未唱。鄭榮興表示實際錄製 DVD 時，考慮當代觀眾欣賞耐性，因此將傳統三腳採茶戲略作整理與精簡，傳統的舞台演出或許現代觀眾會嫌太長而無法欣賞（參考筆者 2009 年 10 月 5 日訪問鄭榮興之內容）。

而客家桃花過渡本身的特色，則是在桃花過渡中加入「老腔採茶」腔的尋夫歌，數板的語言藝術與相罵傳統，以及男女調情相罵近乎猥褻黃腔的台詞內容（例如「後院溝，前院草」的說法，反映客家戲曲觀眾的「重口味」喜好）。與其他劇種桃花不大一樣的是，最後渡伯唱歌數板佔上風，但卻被桃花騙渡伯拔去鬍鬚並繼續相罵取笑渡伯收尾。附帶一提，在網路上搜尋到的由楊麗花許秀年演出的歌仔戲桃花過渡影片，在結尾也有渡伯楊麗花開玩笑性的將鬍子摘下來的劇情。這應該是歌仔戲受到客家桃花影響所產生的戲劇手法。

表二　客家桃花過渡中表現之前述兩系統部分特徵

客家採茶「桃花過渡」版本	桃花人物設定	渡江事由	主要唱曲（附歌詞開頭）	唱曲特徵說明
（徐進堯版）	蘇六娘婢女	送信給郭生	撐船歌 1（日頭出來一點紅）	撐船歌的句數似乎可彈性調整
說明	系統一的人物設定		系統二桃花過渡歌的唱曲過門	
（鄭榮興版）	少婦	與妹妹金花出門尋夫	撐船歌 2（正月裡來是新年）	可接唱部分的撐船歌 1
說明	人物與故事轉換成客家採茶戲劇情		歌詞結構為 12 月份	（原本為簡短過門，後來使用桃花過渡歌的過門）

伍、結論

客家三腳採茶戲的「桃花過渡」，應該是以潮劇版本「蘇六娘」傳奇的故事結構為基礎發展而形成。在人物設定上保有蘇六娘婢女桃花渡江事由的痕跡。但其主要曲調的過門唱法又受到閩南車鼓戲民謠過門影響，而形成現在看到的客家採茶戲「桃花過渡」之故事架構與過門唱法。

而客家「桃花過渡」繼續改編而加入賣茶郎張三郎故事腳色，並加入第二旦腳妹妹金花，則是將客家桃花過渡合理化成為具有客家三腳採茶戲代表規格的改編過程。其實「桃花過渡」劇情很適合採茶戲的鬥歌特性，編制上三腳的每個演員表現不如二腳的表現好。而過渡的理由本身具有讓編劇自由填空的想像空間。可以填入張三郎妻出門尋夫，也可以是愛玩的單身女子，這些想像空間更可以讓色情內容偷渡進對話唱詞中，表現三腳採茶戲的民俗草根趣味。（關於文中所討論之客家三腳採茶戲「桃花過渡」流傳演變與改編之特徵整理，請參考附表。）

至於在採茶戲中加演「桃花過渡」可以拓展觀眾群，尤其是閩南語族群觀眾，實在無法單從客家「桃花過渡」劇本與演出影音之有限資料來回答。可能需要進一步訪問當時藝人與觀眾來驗證此想法。

最後，桃花過渡提供了將潮劇、梨園戲、車鼓戲、歌仔戲、與客家三腳採茶戲的相互關連一起討論的一個新的連結。也許在談論客家戲劇與其他台閩戲曲的互動時，除了提到三腳採茶戲吸收亂彈戲與四平戲而發展客家改良大戲，或許也可以用「桃花過渡」的演變歷程來讓讀者了解客家與台閩戲曲互相交流的豐富性。

（本論文由行政院客家委員會推動補助大學校院發展客家學術機構計畫補助。計畫代號 98I522。計畫名稱：從客家採茶戲「桃花過渡」出發，探討桃花過渡戲在各種表演劇種形式裡的多樣面貌。本計畫屬於文化產業、戲劇與傳播——客家戲劇研究群之子計畫。）

附表

文中提到之台閩潮各劇種桃花過渡人物設定與唱曲特徵

分類架構	劇種劇目	人物設定	渡江事由	主要唱曲	歌詞開頭	補充說明
系統一	潮劇「桃花搭渡」	蘇六娘婢女桃花	送信尋找郭生	點燈紅	正月點燈紅	有全本蘇六娘與桃花搭渡折子戲；唱正月到六月
	梨園戲「桃花搭渡」	蘇六娘婢女桃花	送信尋找郭生	點燈紅	正月點燈紅	只有桃花搭渡折子戲；唱正月到六月
	海陸豐白字戲「桃花搭渡」	蘇六娘婢女桃花	送信尋找郭生	點燈紅	正月點燈紅	對白使用客語，其餘與潮劇相同
系統二	車鼓戲「桃花過渡」	單身女子桃花	未交代	桃花過渡歌	正月人迎尪	可接唱點燈紅
	歌仔戲「桃花過渡」	單身女子桃花	未交代	桃花過渡歌	正月人迎尪	與車鼓戲同，但沒有點燈紅
系統一的人物設定與系統二的唱曲過門	客家採茶「桃花過渡」（徐進堯版）	蘇六娘婢女桃花	送信尋找郭生	撐船歌 1（使用桃花過渡歌的過門）	日頭出來一點紅	撐船歌句數似乎可彈性調整
歌詞結構為 12 月份；人物改寫成客家採茶人物	客家採茶「桃花過渡」（鄭榮興版）	少婦桃花（與妹妹金花）	尋夫	撐船歌 2（使用桃花過渡歌的過門）	正月裡來是新年	可接唱部分的撐船歌 1

參考書目

長榮交響樂團（2006），《又見客家交響之夜 DVD》。台北市：金企鵝唱片音樂帶。

呂訴上（1961），《台灣電影戲劇史》。台北：銀華。

李佳蓮（2004），〈從潮州傳說「蘇六娘」說到閩臺小戲《桃花過渡》——兼談民間文藝的流播與衍變〉。《民俗曲藝》，146：285-342。

周純一（1989 a），〈桃花搭渡研究〉（上）。《民俗曲藝》，58：54-97。

周純一（1989 b），〈桃花搭渡研究〉（下）。《民俗曲藝》，59：85-108。

林雅嵐（2004），《梨園戲「桃花搭渡」——小旦「桃花」之表演分析》。國立台北藝術大學舞蹈表演研究所碩士論文。

徐進堯（1984），《客家三腳採茶戲的研究：附山歌胡琴伴奏譜例》。台北市：育英出版社。

陳玉慧（2003），《嬉旦戲丑——〈桃花搭渡〉、〈買胭脂〉演出說明》。國立台北藝術大學劇場藝術研究所碩士論文。

陳雨璋（1985），《臺灣客家採茶戲——賣茶郎之研究》。國立臺灣師範大學音樂研究所碩士論文。

黃秀滿劇團（2004），風流撐船哥（DVD）。《九腔十八調傳統改編戲曲：客家三百年傳承與創新》。苗栗市：嵐雅影視。

鄭榮興（2001），《台灣客家三腳採茶戲研究》。苗栗縣：財團法人慶美園文教基金會。

鄭榮興編著（2007），《三腳採茶唱客音：傳統客家三腳採茶串戲十齣 DVD》。台北市：國立傳統藝術中心。

陳思文等譯（2002），《被發明的傳統》。台北市：貓頭鷹。（原書 Hobsbawm, E.& Ranger, T. [1983]. The Invented Tradition. New York: Cambridge University Press）。

都市原住民對原住民族電視台之期許與想像*

世新大學廣播電視電影學系助理教授　蔡珮

*本文係國科會研究計畫（NSC97-2410-H-128-015）之部分研究成果，特此致謝。

壹、研究動機與目的

「原住民族電視台」正式於 2005 年 7 月 1 日開播後，研究原住民閱聽人收視該台的學位論文，至 2007 年僅有三篇碩士論文（如：郭曉真，2007；曹一文，2007；潘美琪，2007），三篇論文之研究對象主要是部落原住民閱聽人，對於都市原住民閱聽人之瞭解仍屬欠缺，這是本文為何選擇都市原住民為研究對象之因。郭曉真（2007）指出，過去國內弱勢族群與大眾傳播的探討，主要研究弱勢族群使用主流媒介之動機、使用過程及效果，關於弱勢族群閱聽人使用非主流或族群媒介之研究則無。筆者回顧近年文獻，發現弱勢族群閱聽人使用族群媒介之研究並非闕如，只是較為稀少，相關研究仍有待開發與累積。

筆者進一步以「都市原住民」為關鍵字搜尋國家圖書館的博碩士論文也發現，自 1996 年至 2007 年共計 53 篇學位論文，主要集中於教育、社會（社工、社福）、民族研究等領域，關於都市原住民族群傳播與媒體之研究幾乎闕如，是有待理解的一塊空白。黃葳威（1997）指出國內有關原住民與傳播的議題日益受到關注，但仍待開拓與累積相關研究。該領域歷經十餘年仍欠缺豐富的經驗研究，企待研究者投入更多之關注。究竟都市原住民喜好的原民台節目為何？理由為何？和部落閱聽人有何異同？原民台對他們的族群認同有無提升？都市原住民對原民台的期許為何？這些對族群閱聽人族群媒介使用較細緻的探索值得深入剖析，亦為本文關注焦點。以肩負族語文化傳承、凝聚族群認同以及以原住民發聲為使命的原民台，經過四年以原住民為主體的內容呈現後，是否符合這群離鄉背井都市原住民的期待？值得族群傳播研究者與經營者深入瞭解，不僅有助於累積本土族群傳播之經驗研究，亦有助於族群傳播政策擬定與族群媒體經營者參考。

貳、原住民媒介與原住民族群研究現況

在台灣尚未成立原住民族電視台時，原住民閱聽人研究聚焦於傳播媒介對部落原住民現代化發展之影響，著重媒介效果研究（如：蔣永元，1974；陳昌國，1975；張逸東，1974）。七〇年代之研究結果，廣播被視為具有促進原住民地區現代化之效果，接觸廣播較多之族人亦為該部落之意見領袖。

九〇年代原住民傳播研究則轉向電視、電影媒介（如：陳麗珠，1996）與原住民節目。黃葳威（1997）研究屏東地區魯凱及排灣族對電視新聞節目之觀感與期待，發現原住民無論教育程度高低，均認為收看電視是獲取新知與學習漢語之來源，多數原住民認為自己的意見及需求未獲主流媒介重視，原住民期待電視新聞能增加原住民議題與權益之討論。原住民希望多增加有關族群文化節目的期

待，在後續的研究中一直存在（如：黃葳威，1999；劉幼琍，1999；王嵩音，2000）。而當劉幼琍（1998）調查台灣十五歲以上一千多位原住民媒介使用與滿足時，首次將原住民節目納入，研究發現原住民對於原住民節目中有關原住民形象的報導表示滿意，對母語節目收看（聽）的意願高於其他節目，調查中有九成原住民認為應該成立原住民專屬的媒介。劉幼琍（1999）發現無論是客家人或原住民，皆認為廣電媒體對特定族群所提供的報導與服務明顯不足，要解決特定族群廣電媒體普遍不足以及媒體報導經常扭曲特定族群形象之情形，除了消極保障其廣電媒介接近權外，更應鼓勵特定族群自辦媒體或參與廣電媒體製播工作，且特定族群本身的自覺與自我認同感也十分重要。

王嵩音（2000，1998）發現公視〈原住民新聞雜誌〉的新聞專題報導有許多採「原住民觀點」的歷史真相報導，顯示原住民記者試圖扭轉社會大眾對於原住民錯誤的認知。新聞內容最多的主題是「文化活動」，提及原住民問題的新聞比例則僅佔少數。報導中較常提及的族群是人口比例佔多數的族群，魯凱、賽夏等族則鮮少提及，主要是受時間限制而難以充分代表各個族群。〈原住民新聞雜誌〉使用國語，為的是讓最多的觀眾接受，卻也因此忽略各族群提升母語程度的需求，該問題需要有更多原住民傳播管道方能解決。原住民觀眾對公視兩個原住民新聞節目均給予高度評價，在他們心中原住民節目扮演著融合與多元之角色，他們希望藉由原住民節目加強文化的內容與母語，以維護原住民文化和族群的認同；也期望原住民節目是對外發聲的窗口，讓大眾更瞭解原住民，甚至成為與政府溝通的管道，讓政府直接透過原住民節目回應原住民社區之需求。

原民台開播後，除了楊煥鴻（2007）以台灣電影中原住民影像為研究主題，其餘三篇論文均以原民台與原住民閱聽人為研究對象。曹一文（2007）發現收看原住民電視的資訊蒐集、社交互動、娛樂消遣及學習母語的動機與滿足較高者，原住民之族群自我認同與族群歸屬感愈高。郭曉真（2007）發現原民台進入部落後，有高度興趣收視者會放下手邊工作專心看原民台，影響最顯著的是人際話題，閱聽人最常圍繞在原民台的話題是他族文化、習俗、語言等討論，以及自身族群傳統的回顧，新的人際關係會伴隨著參與共同關心的話題而產生，最明顯的互動在親子間，話題經常在收視原民台後對傳統文化的認知與想像開始討論，不同世代因此有了更多的生活連繫。此外，一位來到平地的原住民年輕人，由於受到同儕及社會眼光的影響，族群意識經常隱沒在團體中，加上對文化的認知與欣賞沒有管道得以加強，使得她對原住民身份覺得可有可無，但原民台出現後，她對原住民的認識加深，開始對原住民身份產生認同與驕傲感。雖然許多部落閱聽人均對原民台抱持正面看法，但也有受訪者表示原民台談太多原住民的傳統風俗和歌舞，只提不能忘記傳統，然而，對於原住民文化如何在現代社會轉型或生存的現況內容也應提供給原住民瞭解。

潘美琪（2007）發現，太魯閣族的族群認同與收看原民台節目的收視行為有顯著關連，族群知覺程度高、族群自我身份認同高、族群正向態度高、跟 Truku（太魯閣族）同族成員相處的歸屬感高、和家人溝通時使用自己族語和其他語言各一半、對於祭典活動的參與度高者，收看原民台的平均時數較高；而「年齡」、「教育程度」、「職業」、「平均月收入」、「族語能力」以及「現住地」都可能影響「族群認同」，進而影響「原民台節目的收視行為」。

綜觀以上原住民媒體與原住民族群之研究，可以發現對於原民台與原住民族群認同之瞭解，目前尚停留在以部落閱聽人為主。由於閱聽人身處的時空脈絡會使他們對媒介的內容產生不同之需求與解讀（Morley，1992），因此，過去的研究僅針對部落閱聽人做探討，缺乏對離鄉背景都市原住民之理解，究竟都市原住民如何看待原民台？原民台是否滿足他們的傳播權需求？在原民台開播後更應作廣泛深入之探討，以與過去部落閱聽人研究互為補充，提供原民台製播節目與制訂政策參考。

參、研究方法

本研究主要以半結構式深度訪談方式進行，訪談對象為台北都會區有收視原民台不同世代的原住民。在選取受訪對象之初，筆者先在2008年10月於台北東區一間以原住民為主的教會進行第一次的焦點團體訪談，該次訪談有八位有收看原民台的都市原住民參與，筆者從中先與潛在受訪者建立關係，並進一步篩選適合的受訪對象。除了由該教會開始滾雪球之外，筆者亦在台北某高職篩選適合受訪的年輕原住民。選擇條件包括：有受訪意願、具溝通能力、能充分表達原民台收視觀感為基本條件，此外，亦遵循質性研究的樣本選取策略。由於質性研究關注的是「社會事實的建構過程」和「人們在不同、特有的文化社會脈絡下的經驗和解釋」，需要能夠提供「深度」和「多元社會實狀之廣度」的樣本，著重資訊的豐富內涵（胡幼慧、姚美華，1996：142，148），因此，本研究採取的是理論性抽樣，著重資料的歧異性、過程與稠密度，而非樣本數的多寡（Strauss & Corbin, 1990），在抽樣上也具備「彈性化」和「隨研究進展而演變」之特質，以「避免重複」和「捕捉進展」為原則（胡幼慧、姚美華，1996：150）。自 2009 年 3 月至 7 月間，筆者深度訪談了十七位年齡由 16 歲到 58 歲有收看原民台的都市原住民，包括排灣族、阿美族、布農族、平埔族、魯凱族等五個族群。

肆、研究發現

一、都市原住民偏好的原民台節目、喜愛因素及觀看方式

在不提供原民台節目表的情況下，17 位受訪者總共提供了 18 個最喜歡看的節目。依人次計算，他們最喜愛的新聞雜誌類節目依序為：〈原視晚間新聞〉、〈族語新聞〉、〈部落面對面〉、〈新聞不插電〉、〈文化紀錄觀點—看見南島〉、〈TITV Weekly〉；藝文教育類依序為：〈長者的話〉、〈大樹下〉、〈原來我們這樣唱〉、〈大家說族語〉；生活休閒類依序為：〈Ina 的廚房〉、〈原視音雄榜〉、〈八點打給我〉、〈不能遺忘的歌〉、〈飛鼠與白狼〉；兒少節目依序為：〈原少一級棒〉、〈科學小原子〉、〈大地的孩子〉。

原民台 2008 年度族人節目收視質調查，調查台灣 12 個縣市 100 戶原住民，發現新聞雜誌類節目偏好度超過九成的節目依序為：〈原住民新聞雜誌〉、〈原視晚間新聞〉、〈原視午間新聞〉，最低者為〈TITV Weekly〉(66.7%)；藝文教育類節目中偏好度超過九成者為：〈原聲帶〉和〈智慧的森林〉，最低者為〈大家說族語〉(75.5%)；常態性生活休閒類節目幾乎偏好度均高於 9 成，排名依序為：〈超級圓舞曲〉、〈Ina 的廚房〉、〈搖滾祖靈〉、〈不能遺忘的歌〉、〈原視音雄榜〉、〈原視影展〉與〈錢進部落〉，最低者為〈八點打給我〉(73%)；兒少節目沒有一個偏好度超過九成，超過八成者依序為：〈科學小原子〉、〈原來數學好好玩〉、〈部落有教室—咚咚遊戲屋族語版〉，〈原少一級棒〉偏好度為 79.1%，最低者為〈娃娃巴比卡族語版〉(61.5%)。(觀察家行銷公司，2008)

本研究有些節目因為新增或停播無法與 2008 年原民台的節目偏好度作比較，但是我們仍可看出台北都市原住民比較不同的是：

新聞雜誌類較喜歡看〈原視晚間新聞〉；藝文教育類較喜歡看的是2008年原民台調查所沒有的〈長者的話〉與〈大樹下〉；生活休閒類較喜歡的節目和原民台調查結果有些類似，但最大的不同是台北都市原住民很喜歡〈八點打給我〉，但在原民台調查中偏好度卻是該類最低的；同樣的情形也發生在兒少類節目，台北都市十幾歲的年輕原住民最喜歡〈原少一級棒〉，但是該節目在原民台的調查結果亦不是最受喜愛的。

由於篇幅限制，本文僅將都市原住民排名前五名最喜歡看的節目——〈Ina的廚房〉、〈原視音雄榜〉、〈八點打給我〉、〈原視晚間新聞〉及〈原少一級棒〉——其喜歡之理由（why）與觀看方式（how）分述如後，並在最後結論提出對原民台未來製作相關節目內容之建議。

（一）〈Ina的廚房〉之喜好理由與觀看方式

許多住在都會的原住民，尤其是年輕一代，對於部落的飲食相當陌生，透過〈Ina的廚房〉讓他們瞭解原來還有許多可食的野菜和部落的料理方式。

> 因為我們都在台北生活，就會想知道在部落到底都吃什麼。（個案A）
>
> 因為有些原住民的菜，我們都不會料理啊！有些菜可不可以吃也不知道啊！就從電視那邊去學，順便看她怎麼去料理。（個案B-2）

(二)〈原視音雄榜〉之喜愛理由與觀看方式

〈原視音雄榜〉幾乎是老少咸宜的節目，可以從該節目聽到不曾聽過的原住民歌曲，以及屬於原住民自己的故事，而且也是串連家鄉與都市的節目。全家會一起觀賞「原視音雄榜」的個案 A 家庭就是一例。

> 如果有播到我們牡丹鄉或剛好是什麼人在電視上面，大家會互相通電話說：「欸！快點看原民台耶！有在播我們那邊喔！」還有林佳琪在唱歌我們也會互相通報說：「欸！我們部落的人在唱歌，快點看！」(個案 A-2)

> 剛開始看〈原視音雄榜〉是因為有一些是比較符合我們這個年紀【十幾歲】的參賽者，唱歌就很好聽呀！就真的很厲害！還有就是他們有不同的族語，會說他們自己的故事。……因為裡面每一個人都是原住民，他不像那個星光大道，他們講的東西都是比較平地人的，那原住民的東西我們一聽就會覺得：喔！好貼切喔！(個案 B)

(三)〈八點打給我〉之喜好理由與觀看方式

喜歡看〈八點打給我〉的原住民，喜歡該節目輕鬆的主持風格以及正面的教育意義。

> 〈八點打給我〉因為主持人講話很好笑，而且又滿有教育意義的，就是它會講一些原住民在這社會上很真實的一面，讓觀眾覺得不做作，不會隱藏一些很糗的事情，就全部講出來。……教育意義就是它有時候會告訴我們原住民不要低頭，原住民要站出來，不要再喝酒了之類的。(個案 A)

〈八點打給我〉現在是越來越好看！比如說他會請原住民的人才上去唱，很輕鬆很詼諧的，有一些從事族語創作歌曲的原住民，他們都是在部落的啊，像這種我就很喜歡。（個案E）

（四）〈原視晚間新聞〉之喜好理由與觀看方式

喜歡〈原視晚間新聞〉者，大多稱讚該新聞較中立、較少負面社會新聞，會深入部落報導主流媒體不會去採訪的事情。

原民台新聞播報的人會比較正面，都不會播報八卦，我覺得這點好乾淨喔！（個案G）

原民台新聞會播一般新聞不會播的部落發生什麼事情啊！像一些小事，新聞不會報，原住民台會去深入到我們部落裡面報導。（個案B-2）

（五）〈原少一級棒〉之喜好理由與觀看方式

喜歡看〈原少一級棒〉的幾乎都是青少年，而且他們喜愛的原因一開始都是因為該節目曾經和他們所參與的原住民社團有接觸，而後因為喜歡看厲害的同儕出現在節目上而觀賞。

〈原少一極棒〉是我國中的時候有一個原住民社團，我國中畢業之後有一次那個節目就邀他們去表演，因為我是學姐，學校請我回去教。……然後從那時候就一直看，其實有很多偏僻的學校都有原住民社團，或是教會那種唱詩班，他們唱歌跳舞就很厲害，從那個節目可以看到很多厲害的原住民。（個案B）

二、原民台對都市原住民族群認同的提升

在台北出生的個案A，只有過年才跟隨父母回部落，缺乏對自己原鄉傳統瞭解的他，對自己族群的印象停留在回鄉那幾天所觀察到的部落景觀，但原民台的文化節目讓他重新肯定他的族群認同。許多都市原住民透過原民台也重新肯定自己家鄉的珍貴或是重新認識自己的文化。

> 在看原民台之前，就會覺得我們原住民的文化很少，會被人家以為原住民愛喝酒甚麼的很低俗，看完原民台之後就覺得，其實我們原住民也是滿厲害的，就像我們那一族很會編織那種琉璃啊，然後一些舞蹈、唱歌都很厲害。在那之前我就覺得原住民怎麼哪麼愛喝酒啊！愛吃檳榔啊！就在部落爸爸媽媽親戚都是這樣子啊！（個案A）

> 看原民台會有那種解鄉愁、好像在村莊的感覺，看到我們村莊的部落，欸！原來我們村莊也那麼美麗啊！（個案A-2）

> 因為在台北已經十年了，原住民 information 會比較少，朋友是有，可是沒有認識很多原住民，所以多接觸這些原住民的資訊，會提升正面的態度，參與感這方面也有，像每次辦活動我們都會想要去參加。……原住民電視台跟一般電視比較不一樣的是他會讓你更認識自己的身分或文化各方面，他會讓我更認同自己的這個部分。（個案E-1）

三、都市原住民對原民台的期許

（一）增加族語比例，尤其是熱門收視時段，並且族語要說得道地、要顧及各族群

> 現在說族語的頻率還不夠多，大部分還是說國語，在未來我希望多說一點族語。（個案I）

> 我發現大部分原民台比較熱門的節目他們幾乎都講國語，對想學族語的年輕人比較沒有幫助。（個案B）

> 族語新聞成立的原因就是要給那些不認識字的-那些不會講國語的爸爸媽媽爺爺奶奶聽的，所以如果你外來語太多，人家會聽不懂。……老人家想要看，那些族語新聞他就一直聽不懂……因為我們現在已經習慣用國語去思考，你在講母語也用國語的思考去講母語，講的時候會比較快、話會比較短，但老人家比較習慣口語的方式，所以他不知道你在講什麼，更何況他們有人就對社會時事就不是很了解。（個案E）

原民台以前有族語教學節目，像是：〈大家說族語〉，但是不太受青少年青睞。個案 C 的說法可以提供原民台製作青少年族語學習節目時一些手法上的參考。

> 原民台的母語介紹沒有辦法吸引我。……反而是跟別族的同學學比較有趣，……因為你跟同輩學，發音不一樣就很好笑鬥來鬥去啊！就開始鬥嘴，不會太單調也不會太無聊。（個案C）

不過，還是有受訪者肯定族語新聞，因為可以從中學到平常親身接觸不到的其他族語言，或是用母語來談世界大事。

> 我看族語新聞，那播世界新聞，但是他用母語講，也是可以學習如何用母語講世界上發生的事情。（個案E）

不過這些受訪者通常都是有強烈族語學習動機者，如果都市家庭中的父母對母語保存採取消極態度，在都市出生的下一代不僅日常生活中很少說族語，也不會將原民台視為學習族語的管道。

原民台現階段很難做到讓十四族的族語平均出現在各節目，在原民台任職的個案 H 道出原民台製作上的困難：能否找到適當的族語主持人和來賓，以及製作經費不足都是問題。

> 像我們有一個節目〈原聲帶〉，還是會比較偏重在大族群，其實是因為來賓比較好邀請，還有主持人的問題，因為是全族語發音，就變成主持人也很重要啊！然後來賓也要全族語，不是說每個族群的族語都講得非常好，像邵族他們會講族語的人就非常少。……像〈部落的心跳〉是全族語的外景節目，製作團隊是原住民沒錯，可是他不是懂所有十四族族群的語言。……除了對方族語表達能力要好，中文也要好，你才能跟他溝通。其實我們會有設定類似像一個部落聯絡人，到部落後，那個人基本上就是擔任溝通跟翻譯的角色。……可是回來之後要翻譯成中文，就變成那個老師要上來幫我們做翻譯，所以其實這樣子也是造成我們製作費提高。（個案H）

（二）傳遞在地化、深入且正確的節目內容

〈重返祖靈地〉這個節目它做得不夠深入，因為去部落的人他們沒有辦法用母語，沒有辦法真正從部落來發聲。反而是〈大樹下〉做得還比較好，〈大樹下〉很厲害就請頭目來，讓他們自己講自己，我覺得收穫會比較多。所以最重要是要找到頭目或是請當地真正知道了解自己文化或器物的人，或是他看到杯子或東西拿錯他看得出來講得出來。（個案E）

（三）兒少節目需要更細緻分齡製作給不同年齡層的兒童與青少年觀賞

我覺得最需要改進的就是有些節目好像都是給再比我們大幾歲，就是二十幾歲的年齡層看的，拍給我們【十幾歲】看的好像比較少。（個案B）

我覺得原民台的青少年節目比較不足，就是它可能百分之八、九十是為了成人而做，那剩下的百分之十、二十是為了小朋友配合政府的母語政策所開出來的節目，我覺得對高中生、大學生的節目來說很少。（個案F2）

兒少節目普遍被批評為量與質不足，不吸引兒童與青少年，個案H表示這和台內的政策亦有關聯：

台內就重視記錄片啊！我覺得我們台內不是很注重兒童節目，在都會區比較能看到原民台的兒童跟青少年，又沒有想要看的節目，我覺得這樣很可惜。……我一直覺得其實我們原民台應該要有自己的兒童帶狀節目。（個案H）

家中有兒童的原住民父母也道出小孩不看原民台兒少節目的原因，以及可以改善的建議：

> 我們家的小朋友從來沒有在看原民台的卡通影片，原住民的製作人他們製播電視很用心，想辦法用小原子這種從科學、數學的觀點，但我兒子沒有興趣，因為他覺得到學校他可以學數學、科學，他反而看電視在那邊玩他不一定會知道他們在幹什麼。但是參與電視台錄影的那些小朋友，他一定有學習，在播的當中請小朋友參觀，尤其是以都會區這些小朋友，讓他們從參與中去學習。（個案E）

> I：原民台可能兒童的節目要分年齡比較好，像我的小朋友四年級可能就不會看那種小娃娃看的節目啊！
>
> I-1：像其他台的卡通很多都是國外的3D，那他回過頭來看原民台的卡通就覺得幼稚啊！
>
> I：原民台他很多地方如果要吸引各種不同年齡層的孩子，應該要多製作一些不同的節目，因為我發現大部分的節目會侷限在我這樣的年齡【50歲】的感覺。因為都市的孩子他們要吸收的東西，主流的媒體會滿足他們，那這方面可能原民台要花心思，或者是做一些族語的動畫節目，孩子會比較有興趣，會覺得爸媽講的話透過卡通演出來就比較好玩，要把孩子的觀感加入考慮。

原民台過去的〈大家說族語〉節目，雖然可以教兒童或青少年說族語，但是因為是針對族語認證考試而做，教學方式較教條，不吸引青少年觀賞。一些說族語的藝術教育類節目，在內容呈現上又偏向以成人為主，因此青少年觀眾就較少受到關照，如果原民台要達成文化傳承的使命，兒少類節目應該在量與質上面吸引更多青少年觀賞。

（四）讓都市原住民聽到部落長老與偏遠地區原住民的聲音

我比較想要看到階級高的部落頭目，或是在很偏遠地帶的小朋友，可能是因為我在都市吧！……很多都市原住民真的沒辦法回去，部落有很多事情，很多問題我們都不曉得，那節目可以去採訪，可以發現很多問題，就可以解決那些問題，然後可能都市原住民有一些比較有能力的，就可以藉由這管道去幫助他們。（個案B）

（五）增加政府對原住民福利訊息傳遞的頻率

有不少受訪者表示許多有關原住民的福利措施，他們都是透過原住民同鄉會或是區公所得知，因此也希望原民台能對這些訊息增加傳遞的頻率。

我發現原住民有很多福利-關於我們的條款，可是我們都不知道。……我覺得這個東西原民台好像也講很少，應該多講一些讓我們知道，不然這些東西損失掉了就很浪費啊！（個案B）

不管你作什麼節目，下面有個跑馬燈，啊什麼要補助的，我覺得這樣效果會比較好。（個案G）

（六）強化戲劇節目，將原民文化融入戲劇表演吸引族人和漢人認識與瞭解

我會覺得原民台要多一點戲劇節目，因為其實戲劇是最好呈現文化的東西，……直接在戲劇裡面呈現你的生活，很自然得讓人家去接受、認識你的文化。（個案H）

主要還是希望原民台能多一些歷史傳承的部分，或者是拍一些原住民的戲劇，也不是說一定要大成本的拍，我是覺得標榜是原住民電視台，不要只拍那些祭典啊！其實該傳承的應該更多部分。（個案I-1）

（七）好的節目需要長期經營，每季評鑑不一定是節目生存唯一的依據

因為原民台每個節目完都會有個評鑑，可是像母語這種需要很長時間的累積，可是當它被評鑑就會被停掉，就變成太以利益為導向。我就好像學一半就沒了，後來問學姊才知道原來是因為評鑑不好所以就沒有。我覺得現在有些節目都會比較傾向於符合大眾口味，而不是真的為了增加原住民的文化。（個案D）

在原民台工作的H也道出原民台內部的爭議：

其實原民台停播的節目是滿多的，有的人都還沒看到這個節目就已經停掉了。在東森電視時期還好，其實我們在公共電視是停了太多的節目，很多節目都只做一季。……我們有一個兒童節目〈原來數學好好玩〉，我們做收視質調查時，很多人覺得不錯，可是就沒辦法就只做一季啊，因為我們必須公開徵案。……有很多節目我們也是企圖要把它拉長，可是因為我們又有諮議委員會，諮議委員會其實大部分是原住民，可是並不是傳播專業，很多是文化-有些是學者，有些是文化工作者，有些是記錄片的自由工作者，可是他們可能並沒有實際在電視台工作的經驗。……那有時候他們權力會太大，然後會變成影響到我們節目的走向跟我們做的長度。像〈八點打給我〉，諮議委員會也是一直在批評這個節目，

可是我們是認為這是一個部落服務的節目，其實不應該停掉，可是他們認為應該是政策性的東西，不能那麼綜藝性，他們甚至會管到主持人穿的服裝，是不是太露，……像諮議委員就會覺得他有點玩笑性質太高啊！太個人化啊！……因為有些諮議委員他們的文化包袱是很重，他們認為應該要講更文化性的東西，然後要講更嚴肅的議題。（個案 H）

伍、結論與討論

本研究受訪的台北都市原住民最喜歡看的節目排名前五名為：〈Ina 的廚房〉、〈原視音雄榜〉、〈八點打給我〉、〈原視晚間新聞〉及〈原少一級棒〉，和 2008 年原民台調查結果最大的不同是：台北都市原住民很喜歡〈八點打給我〉，在原民台的調查中偏好度卻是生活休閒類最低的；台北都市十幾歲的年輕原住民最喜歡的〈原少一級棒〉，在原民台調查兒少類節目中亦不是最受喜愛的。或許原民台可以針對這兩個節目再做進一步的質性研究，較能提出真正符合原住民閱聽人的節目改善方針。

總體而言，原民台有助於提升都市原住民的族群認同，提升的方式是透過原民台呈現許多正面的原住民形象、重新肯定原鄉的美、喚起原鄉的記憶及解鄉愁或是重新認識自己的文化。原民台使都市原住民透過媒介進一步認識自身的傳統與文化，肯定族群身份的價值，使這群都市原住民的「根（root）與路徑（route）」（見 Gilroy, 1995；Hall, 1995）在原民台的牽引中產生了共時性，召喚出內心的族群認同。郭曉真在研究部落閱聽人時也有類似的發現：具有泛原住民認同者，多數認為可以從原民台看到他族原住民的文化，大大提升對自我族群的認同或對其他原住民族間的認識；而以自我族群認同為收視選擇依據的閱聽人，會以自我族群出現在電視中感到光榮，甚至產生更強烈的族群認同感（郭曉真，2007）。不過，郭曉真發現原民台增加部落親子間的話題互動，本研究的都市原住民在這部分則不明顯，有不少父母均表示小孩很少和他們一起看原民台或甚至不看，這可能是都會的生活形態以及親子關係和部落不同所致。

對於原民台的期許，台北都市原住民有許多殷切的企盼，大致有七個方向：（一）增加族語節目比例，尤其是熱門收視時段，並且族語要說得道地，顧及各族群；（二）傳遞在地化、深入且正確的節目內容；（三）兒少節目應更細緻劃分，製作形式與內容要能引起兒童與青少年興趣，滿足不同年齡層之需求；（四）讓都市原住民聽到部落長老與偏遠地區原住民的聲音，使有能力的都市原住民亦能因此提供原鄉需要的幫助；（五）增加政府對原住民福利訊息傳遞的頻率；（六）強化戲劇節目，將原民文化融入戲劇寓教於樂；（七）好的節目需要長期經營，每季評鑑不一定是節目生存唯一的依據。

我們可以發現，台北都市原住民對原民台的期許，和過去的原民台部落原住民閱聽人有些微不同。潘美琪（2007）發現部落閱聽人希望原民台多提供報告新聞、體育運動、歌唱音樂、教育文化、旅遊資訊、綜藝、電影與宗教類型等節目。本研究則發現都市原住民希望強化族語、兒少類節目、偏遠山地部落報導、政府補助原民訊息與戲劇節目。顯見不同地區的族群閱聽人，對族群媒體之需求亦有差異存在。

針對本研究的發現，筆者對原民台提出一些建議：（一）原民台若要充分發揮文化傳承功能，需提升離鄉久居都會的原民兒童及青少年收看原民台的興趣，因為他們身處資訊發達以及媒介刺激較多的都會區，會覺得原民台的節目形式較為平淡不吸引人。如前文提及的〈原少一級棒〉，兒童節目也可透過邀請小朋友上節目，吸引兒童因為同儕出現在節目上而有興趣收看原民台。（二）原民台要培養一方面了解原住民文化，二方面又擅長編劇的戲劇人才，以提升戲劇節目的「原」汁「原」味。（三）對於各類節目內容的正確性，原民台應不只是聘用文化顧問指導，工作人員應該修習原住民文化課程，以減少報導和詮釋的錯誤。（四）強化都市原住民在都市生存與原鄉聯繫之訊息，離鄉背井生活在都會區的原住民，一方面對於政府補助原住民的政策特別關注，另方面亦渴望知道自己家鄉及聚落的現況，原民台在這方面的資訊仍可再多予著墨。

參考書目

王嵩音（2000），〈少數族群媒介之觀眾分析——以公共電視原住民新聞節目為例〉，《2000 國際華語廣播電視文化性節目觀摩與研討會論文集》。行政院文化建設委員會。

王嵩音（1998），《台灣原住民與新聞媒介——形象與再現》。台北：時英。

王嵩音（1994），〈蘭嶼學童之家庭傳播型態與媒介使用〉，《新聞學研究》，48: 147-155。

胡幼慧、姚美華（1996），〈一些質性方法上的思考：信度與效度？如何抽樣？如何收集資料、登錄與分析？〉，胡幼慧（編）《質性研究：理論、方法及本土女性研究實例》，頁：141-158。臺北：巨流。

觀察家行銷公司（2008），《97 年度原住民族電視台節目收視質研究年度報告》。台北：觀察家行銷有限公司。

曹一文（2007），《臺灣原住民族群認同與原住民電視收看行為、動機與滿足之關聯性研究》。佛光大學傳播學研究所碩士論文。

張逸東（1974），《台灣山地鄉消息傳播過程》。國立政治大學新聞學系碩士論文。

黃葳威（1999），《文化傳播》。台北：正中。

黃葳威（1997），〈原住民傳播權益與電視新聞節目：一個回饋的觀點〉，《新聞學研究》，55：76-102。

陳昌國（1975），《蘭嶼民眾傳播行為與其現代化程度之研究》。國立政治大學新聞研究所碩士論文。

楊煥鴻（2007），《他者不顯影——台灣電影中的原住民影像》。國立東華大學民族發展研究所碩士論文。

郭曉真（2007），《部落閱聽人觀視原住民電視台之研究——以花蓮縣重光部落太魯閣族人為例》。國立東華大學民族發展研究所碩士論文。

潘美琪（2007），《原住民族群認同與收看原住民族電視台行為之關連性研究——以花蓮地區 Truku（太魯閣族）為例》。世新大學廣播電視電影研究所碩士論文。

劉幼琍（1999），〈特定族群對廣電媒體的需求及收視聽行為：以客家人與原住民為例〉，《國立政治大學學報》，78：337-386。

劉幼琍（1998），〈原住民對廣電媒體使用與滿足之調查分析〉，《台大新聞論壇》，5：167-208。

蔣永元（1974），《大眾傳播媒介與台灣山地鄉現代化之關係——項在花蓮鳳林鎮所作的研究》。國立政治大學新聞研究所碩士論文。

Gilroy, P. (1995). Roots and routes: Black identity as an outernational project. In H. W. Harris et al. (Eds.), *Racial and ethnic identity: Psychological development and creative expression*（pp.15-30）. New York: Routledge.

Hall, S. (1995). New cultures for old. In D. Massey and P. Jess (Eds.), *A place in the world? Places, cultures and globalization* (pp.175-213). Oxford: Oxford University Press.

Morley, D. (1992). *Television, audiences, and cultural studies.* London: Routledge.

Strauss, A. & Corbin, J. (1990). *Basics of qualitative research: Grounded theory procedures and techniques*. Newsbury Park, CA: Sage.

日系風，台灣建構

國立臺灣師範大學大眾傳播研究所碩士生　莊幃婷

壹、台灣「日系風」的出現

近年來，「日系風」或「日系服飾」這些詞彙全面席捲台灣年輕女性消費市場，報章雜誌、電子媒體，特別是在女性雜誌和購物網站實踐的最為徹底，不但將日系風作為一種個人風格的展現，更作為時尚流行最前端的代表，甚至任何服飾只要標榜日系風，就等於高人一等的品味。在台灣，這樣的日系風的出現與日本女性服裝雜誌有密不可分的關係，尤其是 ViVi 和 Mina。這些日本雜誌對於年輕女性穿著品味的影響日漸擴大，與以往由日劇帶動的哈日族文化似乎又有層次上的差異，已經不再只是少數人對於日本流行文化的狂熱崇拜和追求，而是蔓延並且擴張到大多數台灣年輕女性對於流行文化的消費，透過日系風名詞的大量使用，拍賣網站甚至大量複製日本相關文字和符碼。

由於台灣的時尚產業並不發達，國內較著名的時尚設計師大多較偏向高價位的貴婦人服飾風格，並未走向平民，帶領流行。也因此對於一般台灣年輕女性來說，大部分參照和仰望的是高度現代化的西方和日本。「時尚」指社會生活中人們一時崇尚的某種生活樣式的流行現象。它由少數人引起，經過人們的相互影響、感染和模仿，為多數人迅速接受（葉立誠，1990）。如果說在台灣流行的日系風是一般年輕女性所崇尚的一種生活樣式，甚至是心中時尚的象徵和渴望追求的高品味，和對西方名牌流行服飾的嚮往又有什麼不同？即使同樣會隨著最新一季流行操作新的流行物件，但台灣的日系風似乎有在某一年齡層定型的趨勢。

文化接近性使得日本文化在台灣普遍受到歡迎，尤其對年輕世代更是有著極高的接受度，因此，日系風格服飾有明顯引領台灣年輕女性的日常生活穿著的趨勢。然而，在日本多元蓬勃發展的流行服飾，進入台灣之後，似乎有單一化與同質化的現象。不論是經由日本女性雜誌、日本文化和資訊的大量滲透，加上媒體帶動的風格塑造，透過日系風這個語彙，創造台灣年輕女性渴望達到的理想面貌，將日本流行服飾面貌窄化與平面化。

不可否認全球都有被主流流行文化宰制的面向，日本也不例外，受到歐美影響深遠，有些西方時尚流行經過日本改良後再製成為日本的流行服飾，除了更符合亞洲人的體型，更重要的是，再加入一些新的日本流行元素後，進一步在亞洲造成流行，引領風潮。對於亞洲各國來說，日本作為一個流行文化指標和時尚的重鎮，文化階層化明顯可見，然而，對台灣而言，除了地理和歷史文化淵源，對日本現代性的仰望和媒體的名詞操作，也可能是「日系風」可以被大量消費的原因之一。

本文將觀察台灣年輕女性日常生活中頻繁接觸的 Yahoo 奇摩拍賣，在女裝服飾配件區選取標榜日系服飾的賣家進行分析，並蒐集台灣年輕人常使用的 Ptt 電子佈告欄系統（BBS）的 Mix_match 板友對於日系風的看法，配合深度訪談三位自認為穿著較偏向日系或喜歡日系風格服飾的台灣女性（兩位 23 歲，一位 24 歲），希望將「日系風」在台灣的面貌描繪更加清晰。

貳、理想女性的投射

媒體大量使用「日系風」這個名詞也產生了一些負面批評和回應，有人認為日系風既籠統又不知所云，所謂的日系服飾，並無法看出與日本的直接連結。當我們期待著日系風可以帶領我們更接近心中所嚮往的日本流行文化時，反而產生了極大的落差。一位叫做養央的部落客在部落格上發表了一篇〈何謂日系風？〉，文章中提出對台灣單一化日系風現象的憂慮，並且批判了台灣媒體對於日系風的過度濫用，認為日系風是一種不正確的標籤化，也不認為有一個足以代表日本的風格。但對於大多數台灣的年輕女性來說，日系風無非是一種簡化流行的分類方式，透過日系風，可以直接貼近流行，省去了解其他細節的煩瑣過程。

> 我覺得日系風就是購買商品時的過濾方式，它先幫我分類分好了，我就不用再花時間。（受訪者B，23歲）

另外，日系風代表的是不需質疑的時尚流行，因為不論翻開雜誌、各式媒體或購物網站，日系風無所不在。然而，日系風可說是商業操作的手段和方式，實際上並無法直接歸類一種專屬於日本流行服飾的風格。為何進入台灣之後，日系風就是甜美？就是清新或可愛？

在Yahoo奇摩拍賣的女裝服飾配件區，有接近三分之二標榜日系風格或日韓風格的賣家，以下整理出以日系作為店名或明顯宣傳標語的店家：

奇摩拍賣店家	店家宣傳標語	是否使用日文作為圖片附註文字
奇異果・日系	為妳打造屬於妳的個人風格！	否
米亞・日系	放慢繁忙緊張的生活步調，寵愛自己，讓米亞・日系簡約流行時尚與優質服務，滿足您幸福自在的生活服飾與購物樂趣	是
D.P-Shop 日系女裝	創意搭配輕鬆打造出屬於自己的獨特風格	是
2kilo 輕日系	輕・時尚；日系・絕對	是
meko 日系	集合日系及自創商品。就是要妳～自然獨特！	是
Mina's 日系衣舖	輕鬆自在尋找屬於自己的時尚感～自然、恬靜日系風格。	是
小美日系	以日、韓甜美混搭，精選質感單品結合春夏季流行色調，打造出個人的時尚風格。	是
A-SO-BI 日系	清新優雅、柔美嫻靜	是
里琪 Ni-kiyo 日系時尚館	獨家設計品牌，以日系樣式為主，款式、及質感都是以時下流行潮流為主要設計概念。	是
＝Simple MiXi＝ 極簡輕日系	提供簡單實穿單品・做基本層次穿搭・創造自我風格。Be Ur Self！	是
薇珍妮	日系甜美女孩必 BUY	是
～Queen Shop～ 時尚の衣舖	日系，簡約時尚	是

從整理當中可發現，這些標榜日系服飾的購物網站都有非常類似的宣傳標語，只要是強調日系風格的購物網站，皆強調甜美、可愛、清新自然和打造自我風格和簡約時尚。今日在台灣所謂的日系風服飾，連結的是對於某種日本女性特質的想像，又或者是台灣年輕女性心目中完美女性的想像，可愛卻又不失氣質，清新又不失甜美。種種看似抽象甚至衝突的形容詞，象徵的是台灣女性渴望成為

某種特定類型女性的想像。「清新優雅、柔美嫻靜」這個宣傳標語代表的是極度女性化特質的彰顯，當消費者認同這個標語的同時，新潮、中性、帥氣等其它的流行樣貌已被排除在外。再者，一般年輕女性對於日系風的想像和詮釋似乎和這些店家的宣傳標語極為類似，相互對照之後可發現一些共同的特質。

> 我直覺想到的日系服飾會是以多層次、可愛為主。我個人嚮往的日系風，是給人清新、簡單、品味的感覺，講求簡單中的個人創意與美感。日系風和韓系或美式比起來，比較不強調女性曲線展現，就是比較寬鬆，在用色上較為統一，可能是以淺色、單一色系、相近色為主，整體感覺比較柔和、舒服。（受訪者 A，24 歲）

> 我覺得日系風就是每一件都很簡單，都可以重複穿搭。而且我挑的都是很簡單的顏色，重複性很大的，像是黑色、白色。而且日系風也會給人優雅、有氣質的感覺，看起來很舒服、乾淨。就雖然很多層，但不會看起來累贅。（受訪者 B，23 歲）

> 日本的顏色比較柔和，像 ViVi 就還是很強烈，但是我喜歡的風格比較柔和。（受訪者 C，23 歲）

從受訪者的回答中可發現，日系風在台灣的主流似乎偏向了某一種特殊的女性樣貌和氣質。日系服飾除了一般人印象中的多層次、飾品和小物的搭配方式之外，可能是柔和的色彩或單一色系，幾乎也等同於可愛、清新、優雅、舒服的代名詞，甚至與年輕和青春等形象或符碼產生連結。

> 日系風的盛行也可能和青春的嚮往有關。日系服飾不過於強調身材曲線而是以多層次、小飾物的搭配來展現個人風格。

這種服飾風格可能也代表了青春和朝氣。所以把這種風格的服飾穿在身上，就好像找回了年輕與稚氣的感覺。（受訪者 A，24 歲）

穿上日系服飾好像也等於穿上了「青春」，消費日系服飾，彷彿可以換取一種年輕的氛圍，同時也彰顯自己的獨特美感，以最簡單的方式展現自己獨特的風格。在此，「簡約」不同於單調，反而是個性的彰顯。另外，台灣的日系風似乎也和「女孩」形象有密不可分的關係。相較於 ViVi 雜誌中偏向歐美的性感形象，台灣年輕女性似乎更能接受 Mina 雜誌中的鄰家女孩形象，不論是色彩上的輕柔或是以小細節、小碎花所突顯的女孩氣質，都是完全不具威脅性的柔順形象。

我也是會想要走向 mina 那種路線的阿阿阿...同樣類似的衣服穿在我同學身上就是個日系小女孩可愛路線，可是穿在我身上會不知不覺變 vivi 風的感覺。如何讓一個不瘦，老實說有點壯碩，長的像中南美洲人可是睫毛又沒那麼長的（好吧，是我真的很黑），怎麼走日系小可愛可以像樣點。（rustinpeace，Mix_match 板友）

日本就是多層次和色彩比較豐富，層層疊疊的，比較可愛，像是荷葉邊，蕾絲等等，比較沒有腰身→走可愛的感覺。（ggl12two2，Mix_match 板友）

日系小可愛又是台灣對於日本女性的想像和嚮往，將可愛挪用到自我認同上，可愛文化在台灣早已不是新聞，也成為台灣年輕女性日常用語的一部分。四方田犬彥在《可愛力量大中》當中，訪問了 245 位大學生，68%的日本女性希望被說可愛，「可愛是對女生至高無上的讚美」，可愛是親切，也有可能是美麗和怪異的同義詞。

在台灣，日本可愛文化的殖民也無遠弗屆，穿著打扮更是重要的一塊，「可愛」和「女孩」成為可互相替換的詞彙。除此之外，三位受訪者都傾向認同 Mina 的女孩風較可能實踐於日常生活中，不強調合身和曲線畢露，而是寬鬆無腰身，也可能是娃娃裝的形式，台灣對於這類型日系服飾的大量接收和認同，除了與自我身體認同密切連結之外，對自我形象風格的想像和體態展現的保守心態也有關。而此時日本和歐美在台灣產生了位階上的差距，歐美不再是具有吸引力的西方，而是有著極大文化差距的他者。

> 感覺起來 mina 就是可以穿上街的，ViVi 就有點難。……我覺得在台北還是走日系比較多吧！比較不會像歐美那樣很露的。看到日系風（拍賣網站）就會想要點進去，因為它和我個人的風格比較像啦！用色上比較不會那麼大膽，因為我覺得歐美很多剪裁都太大膽了一點。日系風就可能是符合一般人，就是該遮的都有遮，該露的也都露啦！（受訪者 B，23 歲）

文化研究者 Hebdige（1979）曾對風格下一定義：風格是蓄意捏造，以展現其自身符碼（唐維敏譯，1992：40）。即使大多數的台灣年輕女性都意識到日本的流行服飾是極為多元和包羅萬象的，但到了台灣，日系風卻不知不覺成為對於某種風格的嚮往：

> 我覺得是日系風是對於某種風格的嚮往，因為日本本來就有分不同的派啊！可是大家一般講的那種很樸素、溫柔啊，就都是 Mina 那塊的風格。可是如果像是 ViVi 的那塊風格，台灣人穿起來很有可能就會被說是台。就日系和台其實很難區分啊，一旦失敗就變台，成功就變日。（受訪者 B，23 歲）

最後，唯有透過女孩風格才能區別「日系」與「台」，如果特別強調女性的性感或突顯「女人」風格時，就很有可能淪落為「台」，其中有明顯文化位階的落差和想像，也表現出台灣年輕女性對於日本流行文化的崇拜。最後，溫柔女孩風成為最安全和萬無一失的選擇。一般人會將日系直接與時尚或有品味產生構連，回首看自身所處的台灣時，大多發現台灣尚未找到自己的流行服飾風格，創意明顯缺乏。因此，只有透過不斷重製日系符碼，將自我提升。台灣年輕女性更進一步將對於日本流行文化的想像和溫柔鄰家女孩特質的嚮往，直接與日系風接軌，重新定義了一個專屬於台灣的「日系風」。

> 我覺得台灣現在的日系風就是 ViVi 的辣妹和 mina 的女孩兩種。就是日本會分類的很細，但是台灣人不會。在路上看不到穿的像羅莉塔的，但是日本就會有，或日本會穿的視覺系。我們還沒有創造自己的風格，台灣就是一種混合吧！（受訪者 C，23 歲）

大部分受訪者都會把日系風和日本女性服裝雜誌做直接聯想，最明顯是分成 ViVi 和 Mina 兩大類，直接將年輕女性的服裝風格做了二分法的區分。不是性感，就是清新可愛。雖說台灣的流行文化帶有混雜的特性，但在日系風這個區塊中並非多元融合，而是單一化和二元對立的展現。台灣所建構的「日系風」讓年輕女性可以輕易將自己定位、放入某種風格和類型。

日系風作為商業資本主義下操作的結果，它排除了其他可能和多元的日本流行服飾風格，尤其是日本蓬勃發展的獨特街頭服飾文化，並且腐蝕了屬於台灣自我服飾風格發展的可能性。日系風服飾的一窩蜂出現是一種詞彙的濫用。對於許多對台灣時尚流行有期許的人而言，日系風只是台灣缺少創意的證明。張小虹（2002）提到了流行時尚徒有表面而無深度，突有風格而無實質。日系風指涉了某種特定的風格，但真實的日本似乎早已遠去，日系服飾可以是豐富多元，也可能是空無一物，而在台灣傾向一種理想的女孩形象或個人品味的塑造，因此，這個符碼已取代並超越了實際的日本服飾。另外，日系風似乎也成為哈日近年來的另一種變形，透過日系風符碼的操弄，從小眾轉向大眾化的流行。

> 就覺得好像從哈日轉變成日系風，現在都沒人在講哈日啦！我覺得哈日是比較小眾，但是日系風就好像每個人都可以日系風的感覺。（受訪者 C，23 歲）

> 我覺得日系風的流行，有一部份原因是它比歐美風、韓系風等更容易模仿，而且容易模仿成功。因為台灣人的身材、五官、膚色跟日本人比較接近，所以日本流行的服飾風格對我們來說也比較平易近人吧！比較能夠想像出自己穿上這些服裝後的畫面和感覺是怎樣，也比較有意願去嘗試。（受訪者 A，24 歲）

日系風作為一個眾人皆可接近的一種風格，既時尚又平易近人，兩者看起來頗為矛盾，但對於一般人卻有無比的吸引力，似乎是將時尚權力下放到平民的最佳方式。然而，當人人都可以日系時，哪來的獨特性？又如何鞏固日系風和獨特性的連繫？不論從人種或文化方面的接近性來看待日系風在台灣的流行，可以了解為何日系風較為「平易近人」或「易於模仿」，但除此之外，對於特定日系風格的想像和嚮往才是最重要的驅力。此時，已沒有人想像什麼是台灣可能發展的自我風格，而是選擇直接截取或挪用日本雜誌所形塑的溫柔女性形象。

參、不斷重製的現代性位階

以往哈日族對日本的認同消費有很大一部分來自日本原創或日本進口商品，日本性極為強烈。但日系風在台灣的流行只能說是鄰家女孩風格的再現和重製，是虛擬的符號，不一定需要真正來自日本。很多時候，消費者是在一種無可選擇的情況下被灌輸所謂日系風的流行品味，他們不一定是哈日族。另一種情況則是台灣年輕女性已經不自覺將日系風內化為自我認同和生活風格實踐的一部分。或許也可說是台灣文化主體空洞和模糊不清的文化認同下的結果（李天鐸、何慧雯，2003）。

李天鐸、何慧雯（2003）談到哈日族與日本流行文化在亞洲或台灣的流行是一種現代性的位階化：

> 哈日族被社會認為是在日本流行文化浪潮中隨波逐流，以日本偶像劇為人際關係與情緒管理的參考和借鏡，採日本流行風尚為消費指引與秀異標的。處於全球化浪潮之中的台灣社會，在資本主義賴以為本的現代價值觀影響下，流行是進步與現代化的指標，商品則是代言人；在這個全球體系裡，現代化發展進程為丈量尺度替各個國家、地區所編排出的位置秩序，讓全球文化在超級市場上的商品隨其原出國與地區的不同而位階化。

位階化是日系風流行的重要原因，然而，可進一步探討的是，這些所謂的，日系風服飾雖然掛著日系的名號，當仔細往內探討其日本流行文化的成分時，會發現其與日本的關聯性卻是極其微弱和虛幻的，日系作為一種想像的日本風格，實際上是一個空洞的詞彙和符碼。這些購物網站的賣家一方面透過一個空洞和籠統的日系風將年輕的台灣女性吸納進入這些看似多元，實際上同質性極高的流行服飾的商場；另一方面，透過仿日本雜誌的網站風格的設計和選用類似日本雜誌的模特兒的方式，讓這些消費者彷彿有置身在日本的錯覺，營造一種屬於日本獨特的異國情調。

除了服飾本身之外，照片如何呈現服飾和網站整體氛圍營造更是購物網站的一大重點。日系風購物網站的背景大多以簡單色調或白色為基底，塑造出無印良品式的簡約、舒適和自然感、類似日本繪本的手繪插圖、圖片旁附註的日文字、圖片的背景、拍攝手法、模特兒的外貌、妝感和肢體呈現，完全可看出模仿和挪用日本雜誌元素的企圖，不斷再現 Mina 雜誌鄰家女孩的風格，很少出現 ViVi 的辣妹風，由此又可和上述台灣女性對於 Mina 所形塑女孩風格的高接受度互相呼應。大多數的日系風的購物網站都使用同樣的手法，店家彼此之間的相似度高達八成，同質性極高。如果把店名遮住，幾乎無法辨認其中的差異。由此也可推測模仿日本雜誌的手法對於這些網路店家來說有利可圖，即便在競爭激烈的拍賣網站和茫茫網海中，獨特性已不再是賣點。雖然店家的標語一再強調為顧客創造獨特風格，諷刺的是店家自我的風格早已不獨特。

換句話說，台灣流行服飾文化混雜的成分越來越少，而是大量強調某些主流元素和風格，很少看到創新和突破。這或許與台灣已習慣大量複製和挪用日本流行文化有關，就目前的台灣年輕人的流行文化中，很明顯可以看到日本流行文化的蹤影，真正自日本進口的服飾其實是少之又少。觀察購物網站和東區、西門町和師大夜市等年輕人主要消費場所，可以發現充斥許多標榜所謂「日系風」服飾的店家。日系風所代表的已不只是日系風格，更上一層，已經成為年輕女性追求的最高時尚象徵，象徵著台灣重製後的日本流行文化，實際上已經可看到台灣年輕女性的剪影在內，透過消費日系風服飾，完成一般年輕女性日常生活中對於自我風格的實踐和想像。

Siriyuvasak, Ubonrat（2008）提到在泰國，迷對於其所熱愛的日本流行文化實踐是後現代社會想像世界主義的表現，對於更進步、已發展的社會或文化，也就是「可慾望的他者（desirable other）」的嚮往，並且認為亞洲流行文化和亞洲化的過程以新的方式組織了年輕中產階級的消費者，在流行文化中創造了一種亞洲的品味。台灣的日系風並非是一種對於世界主義的嚮往，但相同的是對於「可慾望的他者」的想像和追求。

肆、結論

在台灣日系風的流行，與年輕女性的消費習慣和對於日本流行文化的想像有極大的關連。又媒體如何透過所謂的日系風撩撥我們對日本流行文化和理想女性氣質的想像？我認為與日本的女性服裝雜誌、購物網站與日系風的流行有密不可分的關係。日系風將台灣女性以雜誌風格一分為二，性感的 ViVi 風與 Mina 的鄰家女孩。日系風作為一種象徵符號，這樣單一風格和美感品味的塑造，到底有多少是自發性，又有多少是媒體或商業資本所灌輸的偽個人化？我想後者發揮了極大的影響力。而這些年輕女性透過日常生活消費日系風格的服飾，並非真正期盼和日本產生直接的連結，而是隱性的自我認同，希望藉此形塑個人風格。此時，衣服是不是日本製不重要，而在於是否可再製年輕和青春感，是否能彰顯可愛甜美的女孩特質。另外，女孩風格的追求可發現日本可愛文化對台灣年輕女性自我認同的影響和滲透。也明顯感受到日本流行文化的擴散和深入程度較之前更深更廣，日系風經由台灣再製和轉型，創造的是台灣年輕女性對青春和鄰家女孩特質的連結，並且無意識潛伏和深植在台灣年輕人的自我認同當中，成為簡化流行的重要過濾方式，更是審美觀和品味的重要來源。最終，台灣年輕女性、媒體和資本主義共同建構了對於青春與女孩氣質的想像，同時也緊密扣連了女性對自我身體的認同。

如同布希亞（Jean Baudrillard）所說，在後現代社會中，什麼都變成了純粹的符號，沒有存有，也沒有歷史。日系風將直接與女孩相關的符號產生連結，不論是清新甜美、可愛，或是優雅、簡約，最後人們消費的是符號而非實質的物體。同時這個符號也代表了青春、年輕和活力。台灣所建構的日系風，畫出了年輕女性對於流行文化的想像地圖，同時也將自我認同的女孩形象投射其中。

參考書目

李天鐸、何慧雯（2003），〈我以前一定是個日本人？日本流行文化的消費認同和實踐〉。李天鐸（編），《日本流行文化在台灣與亞洲 II》。台北：遠流，頁 14-37。

林志明譯，Baudrillard J.著（1997），《物體系》。台北：時報。

高宣揚（2006），《流行文化社會學》。北京：中國人民大學出版社。

唐維敏譯（1992），〈文化研究的重訪與再版〉。陳光興、楊明敏（編），《內爆麥當奴》，頁 27-48。台北：島嶼邊緣。（Lawrence Grossberg 原著）。

張小虹（2002），《在百貨公司遇見狼》。台北：聯合文學。

陳光棻譯，四方田犬彥（2007），《可愛力量大》。台北：天下遠見。

葉立誠（1990），《服飾美學》。台北市：商鼎文化。

陳雅惠（1999）捲起復古風的「流行」，輔仁大學大眾傳播研究所。

養央，〈何謂日系風?〉。上網日期：2009 年 4 月 26 日。取自 http://www.wretch.cc/blog/jokeran87/13325221。

YAHOO 奇摩拍賣，女裝服飾配件。上網日期：2009 年 4 月 26 日。取自 http://tw.user.bid.yahoo.com/tw/brandad?catid＝23000。

Siriyuvasak, Ubonrat. “Cosuming and Producing (Post)modernity: Youth and Popular Culture in Thailand.” In Media Consumption and Everyday Life in Asia, Edited by Youna Kim, 169-187. New York: Routledge, 2008.

性別身體的偽裝、模仿、與展演

——談周美玲的「性／別三部曲」

世新大學廣播電視電影學系助理教授　陳明珠

壹、前言

2000 年以來，台灣電影竄起了多位女導演，有些從紀錄片出發，有些則一開始即拍攝劇情片，亦有紀錄片與劇情片雙跨界的創作，女導演的創作風潮前所未有，同時她們的作品也在國際影展中逐漸展露頭角，成為台灣在地性（locality）一種獨特的陰性書寫（feminine writing），使得女導演們的創作觀點成為研究關注的焦點。

周美玲堪稱台灣當代重要的新銳女導演之一，1996 年開始從事短片與紀錄片的製作，自 2004 年開始拍攝劇情長片，先後三部電影皆是同志相關議題的影片：《豔光四射歌舞團》（Splendid float, 2004）、《刺青》（Spider Lilies, 2006）、和《飄浪青春》（Drifting flowers, 2008）。三部影片皆獲得國內外影展的大獎，其中《刺青》一片更奪得柏林影展泰迪熊獎，同時也是 2007 年台灣國片票房的第三名[1]。三部劇情片中性別的越界、游移透過故事的敘事、影片

---

[1] 2007 年國片票房前三名順序為：《色戒》、《不能說的秘密》、《刺青》。

的形式風格，描述男同、女同的性別認同。其中《豔光四射歌舞團》藉由扮裝紅頂（drag）的展演，游走在男／女、陰／陽、生／死、人／鬼、水／陸、白天／黑夜、國語／台語等二元對立（dualism）的符號（sign）之中；《刺青》則敘述青少年女同的曖昧情愫，女主角小綠透過網路視訊展演自己的身體，另一位女主角竹子則以身體刺青將過往的悲傷記憶銘刻為永恆的記號，刺青不僅是符號，更是記憶，成為身體的印記（inscription）；《漂浪青春》一片周美玲自稱是一部同志的生命史，老中青三段式的同志故事，述說著身體與身份的認同，從性別身體與性別身份的質疑，到男同與女同的假結婚，最後更以失智的女同與愛滋的男同滑進身體疾病的議題。

事實上，在周美玲多次的媒體訪談中即表示，根據同志彩虹六色旗[2]的意涵來創作是她最原初的創作思維，每一顏色意涵不論在能指或所指上都是影片創作時的發想，具有各部影片代表的象徵意義，亦即特定的顏色成為每一部影片的核心能指，以顏色象徵來表達影片中敘事所指的主要意涵。周美玲在本研究的專訪中說明：

> 黃色（《豔光四射歌舞團》）代表陽光，所以男主角我直接叫黃太陽，這部片子有一個意圖是比較想融合台灣的民俗文化和同志華麗的扮裝文化，我覺得在視覺特點上，台灣文化和同志文化是可以溝通的，他們有相似之處，因為他們都講究色彩鮮豔，你看台灣的檳榔攤所有的東西都是亮晶晶，顏色都極為燦爛跟鮮豔，顏色都是飽和的，……然後我覺得同志文化裡面也是喜歡鮮豔的色彩，所以我以一個最傳統的職

2 代表同性戀的彩虹六色旗，於 1979 年訂為六個顏色，分別為：紅（代表生命，life）、橙（醫治，healing）、黃（陽光，sunlight）、綠（自然，nature）、藍（平靜和諧，serenity/harmony）、紫（精神）。參考 http://en.wikipedia.org/wiki/Gay_flag。

業，對比同志的身分，因為華人的傳統就是傳宗接代，而同性戀似乎就是一種悖離傳統的事情。……他（男主角阿威）白天是道士，晚上卻是個扮裝皇后，他白天跨越生死陰陽兩界，晚上跨越的是性別的陰陽兩界。我想做的就是去做這種溝通——找出台灣民俗文化和同志文化上兩個溝通的可能性、美學上溝通的可能性、陰陽兩界跨界溝通的可能性。……《刺青》講的是青少年的故事，從顏色來講，綠色代表的是和諧、和解，它的反義就是斷裂。關於斷裂，我第一個想到的就是地震，我們大家都很熟悉的地震。……小綠這孩子處在一個極端寂寞的狀況，她媽媽拋棄她，……這是一種記憶上的斷裂。而竹子則是因為創傷，變得不敢去愛，而處在情感的斷裂中。《刺青》整個故事，就是在處理主角們如何修補他們的斷裂。……

紅色（《漂浪青春》）代表的就是生命，所以就是講生命史。……它是標誌了我這個出生地女同志的生命史，它是有一個生命記憶的作用，對我來說是有這樣的一個意涵。[3]

黃（陽光）、綠（自然、和諧）、紅（生命）即是這性別三部曲的主要風格與敘事意涵，三部影片的劇情全出自周美玲一人編劇、導演，展露出女導演特有的思維與詮釋。「台灣電影網」對周美玲這一位電影工作者的作品描述即為：通俗劇情、荒謬的寓意、巧妙的象徵、豐富的層次，一種美感和詩意，卻又是一股古怪的氣息[4]。

本文期探討電影中透過女導演的敘事，性別的身體與性別的認同是如何被書寫的？台灣本土的同志影像是如何透過敘事結構、鏡頭符

[3] 研究者與周美玲導演的訪談錄，2009 年 11 月 14 日，台北萬華。

[4] 參考自台灣電影網：http://www.taiwancinema.com/ct.asp?xItem=12488&ctNode=39&mp=1。

號的能指（signifier）與所指（signified），展現出女導演特有的陰性書寫？周美玲電影中不僅陳述身體與性別身份的議題，更連結本土文化的意涵，將台語、歌舞秀、招魂、喪葬儀式、網路視訊、走唱、布袋戲等等植入影片之中，使得這些性別身體被放在一個鮮明的文化處境中，身體、敘事、文化成為本文思考的焦點，本文試以敘事和符號的觀點分析影片鏡頭，藉以更深了解女導演的書寫模式與鏡頭語言。

貳、亮麗的身體展演與俗豔在地性的對話

周美玲在首部劇情片的片名（《豔光四射歌舞團》）就表明了她對同志文化的自身觀點，「豔光四射」就是她認為同志文化中的魅力所在，也是她企圖再現同志文化的獨特風格，而「歌舞」的形式與「豔光四射」相互呼應，是她在每一部片中慣用的元素，所設定的主要角色都有透過歌舞的形式展演身體，所展現的歌舞也呼應台灣底層文化（subaltern culture）中的歌舞形式，如扮裝反串的搔首弄姿、野台戲班的歌舞表演、檳榔西施的閃亮打扮、本土早期走唱的表演形式等等，在在反映出意圖將同志的性別身體連結於台灣的在地文化，使得這些同志角色被建立在一個獨特地域文化的處境，標示出某種在地情結（local complex）。周美玲在2007年《破報》的訪問中曾表示，同志文化本身有一種展演的獨特性，而台灣文化則具有某種大眾性格，她期望在這二者之間找到關連，使同志文化能在台灣文化中找到定位。

> 我不希望同志文化是失根與 homeless 的，我證明了同志文化就和台灣文化一樣俗豔、三三八八又亮麗，就像婚喪喜慶都很俗，同志也是很綜藝的、亮晶晶的，又有一種荒涼與美感，我想創造這件事情。（破報，2007.3.15）

《豔光四射歌舞團》在開場一場男同（阿陽與阿威）的魚水之歡後，即進入霓虹花車的歌舞秀，以長鏡頭（long shot）拍攝五顏六色的花車，伴隨著觀眾的歡呼聲與節奏輕快的國語歌曲「彩虹」，利用遠景，黑夜之中獨見閃亮的花車主體在畫面中央，有如黑幕舞台中的聚光焦點，六色燈高掛在花車上，車旁閃爍著霓虹燈球，鏡頭推進（zoom in）至三位在車上歌舞表演的扮裝藝人（全身景），畫面切換各種表演的角度，三位載歌載舞的扮裝藝人諧仿著刻板印象中的女性動作，搖擺身體，帶動起輕快詼諧的氣氛。緊接再進另一首旋律較慢的台語歌曲「流水豔光」，畫面改由主秀薔葳（即阿威）一人獨唱（全身景），長髮飄逸、身穿白色緊身旗袍、頸上披著白色羽毛長巾，展演著雌雄莫辨的姣好身材，歌曲中，鏡頭推進中景，薔葳輕輕擺動，舉手投足輕柔婀娜，畫面切入（take）七彩燈光輝映在一旁的水中倒影，水影迷濛。

影片敘述生活在漁港的阿陽突然溺水意外死亡，而親密愛人阿威/薔葳白天從事葬儀道士的工作，被喪家請託去為死者招魂，才發現死者是自己的愛人阿陽。在片尾一場出殯的戲中，白天阿威扮演著道士身份為阿陽超渡，家屬給阿陽墓前請來台灣民俗的牽亡陣儀式，又歌又舞，表演者的服裝亦是多采多姿；而進入黑夜，薔葳則成為未亡人（妻子）的身份，守在墓旁，扮裝的姊妹們也為阿陽載歌載舞，在花車上演一場「愛情牽亡曲」。阿威/薔葳的角色既是在地文化的象徵，又是同志文化的表徵。

《刺青》一片更是一開場即進入小綠在網路視窗前的身體展演：閃亮的珠簾背景、粉紅羽毛披肩、長髮披肩、露背黑色短裙小禮服、高筒蕾絲絲襪，鏡頭帶著身體各部位的特寫（close-up），小綠擺弄、觸碰自己的身體，跳著性感撩人的豔舞，第一句台詞即說出了此片的核心主旨：「人為什麼要刺青？它算是穿衣服呢？還是裸露啊？」在視訊情人的網站中，小綠透過身體展演，為要賺取經濟來源，而主題刺青亦是一種身體的展演，有如穿衣，又如裸露，是身體的銘記。另一位主角竹子在片中即飾演刺青師傅，在其日誌上寫著：「透過刺青，標誌自己」，其中亦有一段旁白：「每個刺青背後都有一個祕密……」，意表刺青作為一個身體的符號能指，對這個身體主體而言有其獨有的所指意涵，比如竹子左手臂上所刺的彼岸花，是通往冥界的意涵，是遊走在生死、陰陽兩界的中介符號，是竹子對死去父親的記憶銘刻，也是她期望借以喚起弟弟失憶的符號（因為這原是父親身上的刺青）；另一位角色阿東，更是以刺青作為身體展演的動力來源，透過刺青展現自己的身體力量，胸部刺上鬼頭，雙臂刺上雙刀，透過展演刺青的身體在街頭打架鬧事。不論是視訊情人、亦或是刺青，皆是青少年文化的表徵，亦是身體展演的媒介物，其中網路對話所使用的注音斷頭文（如ㄏㄏ意表哈哈）更是標識了台灣特有的在地性。

《漂浪青春》將時空拉到四〇、五〇年代的台灣布袋戲與走唱文化，以青年、老年、再回溯到青少年時期的三段式劇情作為時空轉換的場景。同時利用火車軌道的運動畫面來代表生命的流轉，也作為轉場的區隔。第一段時空的開場又是周美玲慣用的舞台形式，只不過這場戲只有盲女角色菁菁穿著紅色亮片旗袍（從臉部特寫拉遠 zoom out 至半身中景），手披著白色披肩，站在畫面中央，前方有架好的麥克風，唱著悠揚的台語曲調「香香」，沒有舞蹈，背景是紅幕珠簾，整個出場的畫面用「紅色」能指來隱喻本片敘事的主題，接著客人喊酒拳聲、談話聲淡入（fade in），切入餐廳一角妹狗（菁菁的小妹，小學生）在畫面的右方（過肩鏡頭）凝視著舞台，再切入舞台上彈奏手風琴的樂師竹篙（台語發音），口叼著菸，表情沉醉在悅耳的歌聲中（中景），畫面就在這三者（菁菁、妹狗、竹篙）之間不斷切換，也暗喻了第一段劇情中三人的糾葛關係。而在第三段青少年時期的布袋戲班場景中，青少年水蓮在野台戲班中亦有穿著清涼的演出，布袋戲班為了搶生意，只好穿插清涼秀，水蓮展露身體，在舞台上擺弄俗豔舞姿，當場脫下短裙，布袋戲台成為清涼秀的野台，點著煙火，霓虹燈光閃爍。

三部影片中的同志角色經常被置放在一個具有在地意涵的場景中，殯葬儀式、網路注音文、走唱生活、廟口迎神慶典、野台布袋戲、清涼秀表演等等成為在地的符號能指，使得同志身份自然地與在地文化對話，透過身體的展演標示出獨特的在地性，二者共融共存，一體兩面：這個身體既反映在地的認同，亦再現同志的性別認同。在周美玲的鏡頭底下，同志身份在其位置中有了特有的文化認同，其中《豔光四射歌舞團》、《漂浪青春》二片更大量地使用台語對白，亦再現了語言文化的認同，在地性成為周美玲詮釋同志文化的電影語言。Butler（1990：139）曾說：

> 我們可以把性別看作，比如說一種身體風格（a corporeal style），就好像一項「行動」一樣，它具有意圖，同時也是操演性質的；而「操演」意味著戲劇化地、因應歷史情境的改變所作的意義建構。（宋素鳳譯，2009：182）[5]

周美玲電影語言中的同志身體即是一種身體風格，是一種有意圖的行動（演出），具有在地性的操演（踐履）性質，因著所在的時空而去建構其性別身體的意義。顯然，影片中性別身體的展演本身就是一種在地性，透過在地的身體展演展開一幕幕同性的曖昧情慾，使得在地文化與同志身份相互對話，這樣的身體展演不僅再現在地的時空意義，也操演著同志的性別認同。

---

[5] 宋素鳳譯本為簡體字中譯本，而林郁庭的繁體字中譯本則將「行動」(act) 譯為「演出」,「操演」(performative) 譯為「踐履性」。參閱林郁庭譯，2008，頁 215-216。

參、陰柔男、陽剛女：性別認同的惑亂再現

陰柔男和陽剛女經常是性別認同中的「惑」源，在周美玲的彩虹三部曲中亦不例外。首部曲《豔光四射歌舞團》中扮裝反串的性別諧仿即再現了兩性二元對立的其他可能性。阿威／薔葳一角白天是短髮黃袍的道士，黑夜則是長髮秀麗的扮裝皇后，遊走在刻板印象中的兩性裝扮，然而不論其性別身份為何，他／她都是酷兒（queer）多元性別中的一種性別。酷兒的身份有如額外、或替代的認同類屬（Spargo，1999／林文源譯，2002：48），破壞性別二元的常規性，阿威/薔葳是男是女、又非男非女，他/她徹底地與二元性別的規範不相容，但又將二元性別融入一身，這是男是女、又非男非女的性別即是一種性別身份的踐履。

阿威和阿陽初識時的一段對話，阿威問道：「你會覺得我們（扮裝）很怪嗎？」阿陽回答：「不會啊，我覺得你們很自由！」扮裝成為一種自由的性別，不被二元性別所框架的一種認同。在阿威去收阿陽的魂魄之後，阿威失魂落魄，一段殯葬叔伯的對話（台語）：

> 叔伯一：「阿威是又被甚麼給煞到？」
>
> 叔伯二：「這傢伙沒救了，我看再這樣下去，也沒法捧這飯碗。」
>
> 叔伯三：「安啦！不會沒飯吃啦，咱師公（道士）改行嘛，當孝女白琴啊！」

集師公（台語）與孝女白琴於一身，阿威成了「雌雄同體」（androgyny）一般。在阿陽入殮當天，阿威白天是為阿陽超渡的短髮道士（男性），黑夜則成了阿陽靈前長髮飄逸、穿著黑色喪衣的未亡人（妻子身份）；師公是阿威，未亡人也是阿威/薔葳，二

種身份集於一身，而二種刻板性別亦集於一身。Sontag（1983：103-119）曾提到，「雌雄同體」象徵一種混和性別的誘惑力，無論是陰柔男或陽剛女，他/她們都透過性別的跨演與誇飾，將另一種獨特的性別再現無遺，除卻並補足了單一性別的缺陷。「這種雌雄同體的形態，往往包括了模擬、戲謔的操演性與劇場特性，並以豐富的物質建立華美、恣意、世俗、怪異而又帶有嬉玩成份和貴族品位的美學風格或美感經驗」（轉引自洛楓，2005：138）。阿威/薔葳一角即是一種性別的跨演與誇飾，是悠遊在二元性別中模擬、操演、既怪異又嬉玩的酷兒身份。在扮裝反串中我們看見了陰柔男，而在《刺青》與《漂浪青春》則再現了陽剛女。

整部片以虛／實（網路）、夢境／現實（視訊情人）、謊言／真相（小綠）、失憶／記憶（阿青／竹子）、穿衣／裸露（刺青）、斷裂／修補（地震）、冥界／陽界（彼岸花）等對立元素環繞敘事軸線的《刺青》，真／假的對立所指成為敘事中的斷裂元素，也是片中企圖在二者之間進行修補連結的主要情節。片中雖然陽剛女竹子的角色在視覺上較為中性打扮，她蓄長髮，穿背心、長袖襯衫、長褲、中性帆船鞋等，但一段阿東（刺青店的常客）與小綠的對話卻將她與真／假男人連結：

> 阿東：「老實說，她（竹子）這幾天心情超差的，動不動就踩到她的地雷。」
> 小綠：「我還以為她沒有大姨媽哩！」
> 阿東：「對啊，男人婆一個，工作起來超嚴肅的，都不溫柔。」
> 小綠：「她不就鐵 T 嘛，又ㄍㄧㄥ，又愛在那邊裝酷。」
> 阿東：「還很自閉。」
> 小綠：「還以為自己是真男人。」

此處，鐵 T 對應於「真」男人，是個「假」男人，或者我們可稱：是個「仿」的男人，而這個仿男人有如男人婆，既帶有陽剛特質，亦具有陰性特質：既會情緒不穩、有大姨媽（月經），又不溫柔、愛裝酷。Butler（1990：137）在探討扮裝或異／易裝議題時，認為「仿品」與「真品」的關係並非只是生理性別的身體與被展演的性別之間的差別，她提出了三種思考身體的面向：解剖學的生理性別（anatomical sex）、社會性別的身份認同（gender identity）、和性別展演（gender performance）。如果生理性別與社會性別的認同不相同，而性別所展演（踐履）出來的亦與前二種面向不同時，我們必須重新思考這個性別展演是否模仿，或誠如 Butler 所言「性別戲仿」（諧擬）（gender parody）[6]就是「真品」，因為他／她既不是生理性別、亦非社會性別，或者說他/她既有陽剛特質又有陰柔特質，他／她本身就是真品，就是一種性別認同。

「你／妳是男的，還是女的？」這句台詞更是貫穿在《漂浪青春》一片中，影片中被稱為「半男娘」（台語）的竹篙和阿彥二人多次被問到性別認同的問題。此二人是中學好友，一個是舉止陽剛的女同，另一個則是動作娘娘腔的男同。整部片的第一場對白即是由小妹狗問竹篙（台語）：「妳是男的，還是女的啊？」展開，鏡頭切換二人對話，竹篙（肩上景）開口回應：「那妳看呢？」妹狗（胸上景）接著說：「我知道了，妳是女的，對吧！可是不像耶！」轉入下一場夜間街巷景（全景），妹狗牽著盲女姐姐從畫面的右後方走向左前方，二人（切換中景）的對話（台語）也強調了竹篙的性別爭議。

[6] Gender parody 一詞宋素鳳（2009：180）譯為「性別戲仿」，林郁庭（2008：212）則亦為「性別諧擬」。

妹狗：「姐，那個新來的樂師（竹篙）啊，像男生，但是她是女生耶！」
菁菁：「聽起來她長很高吧。」
妹狗：「對啊，所以大家都叫她竹篙。」
菁菁：「妳不能這樣叫人，很沒禮貌，要叫她阿姨。」
妹狗：「叫她阿姨好奇怪喔，一點都不像啊！」
菁菁：「怎麼不像？」
妹狗：「她頭髮很短，穿的衣服又穿得像男生一樣！」
菁菁：「真的喔！」

竹篙是一個像男生的女生，一個短髮、穿得像男生的阿姨。何春蕤（2003：14）在其《跨性別》一書中即稱：「跨性別主體的跨性別衣著，不但標記了認知和肉體之間的斷裂，也標記了主體超越這種斷裂的嘗試。」延續Butler的前述觀點，生理性別與社會性別二者的斷裂，由身體展演/踐履來修補，也因此所展演/踐履的形象流動在認知與肉體之間。有關髮型、服飾的性別二元化在第二段晚年的情節中成為性別錯亂的敘事主軸。

《漂浪青春》的第二段描述罹患阿滋海默症的中年水蓮，在親密的同志愛人（阿海）死後成了失智老人，而曾經在年輕時與水蓮「假」結婚的男同阿彥，在遭遇愛滋病魔之苦後來訪，水蓮卻因阿彥的出現似乎從癡呆中醒了過來，以為阿海回來了，將陰柔男阿彥誤認為是死去的陽剛女阿海。其中一段情節描述，阿彥穿著白襯衫、打領帶的男性服飾準備帶水蓮出去走走，誤以為阿彥是阿海的水蓮即說（台語）：「別人會說妳是『半男娘』，到時候給人指指點點的。」在陰錯陽差之間，水蓮堅持要求阿彥穿上紅色短身旗袍、細跟鞋等的女性打扮後，二人外出，然而阿彥的反串反而引起路人的恥笑謾罵，最後被一群年輕人視為變態將阿彥痛毆在地。「服飾」

作為一種身體論述的主體，打造人的性別形象與認同，服飾本身不單純只是蔽體、美觀，它並非只是一種穿著，而是成了性別化（genderize）重要的符碼（dress codes），服飾乃是性別的能指。研究服飾符號學（clothing semiotics）的 Rubinstein（1995：8）即說，研究服飾符號的歷史脈絡得以知道性別是如何被差異化（differentiating the sexes）。服飾能指的性別所指經常是穩固的，服飾更是意有所指的性別身體展演。陰柔男阿彥被強迫穿戴女裝，成了易裝反串的怪異（freak）窘境，而引來路人的異樣眼光，更凸顯服飾作為一種符號被建構在性別二元的框架之中，由二元性別機制的強勢意識型態所運作。正如 Harding（1998）所言：「拙劣的模仿本身並不具破壞性，然而我們必須探討的是重複的拙劣模仿，有時如何有效產生分裂與干擾的作用，反之，有時又如何變成被教化與再次流傳的……文化霸權機制」（林秀麗譯，2000：183）。阿彥的易／異裝有效地刺激了性別認同的干擾作用，然而他的諧仿招來橫禍卻也彰顯了服飾被二元性別化的霸權機制。

竹篙問：「我這樣算不算女生啊？」阿彥：「妳懷疑喔！」穿著中學卡其上衣長褲的二人對話，展開竹篙對自己性別認同的質疑。《漂浪青春》第三段敘述中學時期的竹篙，不喜歡穿著胸罩，厭惡凸顯自己的胸部，總是用紗布圍胸，盡可能地使女性性徵看起來平坦，這是竹篙的身體展演與踐履，但也因此使得她對自己性別曖昧的身份感到困擾，連自家哥哥也稱她為「半男娘」[7]。竹篙與水蓮則是因為所屬的二家布袋戲班打對台而相識，在片尾水蓮成了竹篙親吻女生的初體驗，同時竹篙再次分享了自己性別認同的障礙。

---

[7] 影片中一段竹篙的母親與她哥哥的對話，母親談到要將財產分為二份給兄妹二人，其兄極力反對，認為雖然竹篙是個「半男娘」，不像女生，也不能與他爭家產。

竹篙：「我不喜歡我自己的樣子。」
水蓮：「妳不喜歡自己是女生喔！」
竹篙（台語）：「可是我不也不想當男生啊！唉，我不知道
　　　　　　　啦！我這樣到底算是男生，還是女生？」
水蓮（台語）：「當然是女生，一個不喜歡自己身體的女生。」

一個不喜歡自己身體的女生，但她也不想當男生。她在二元性別框架下是無法找到定位的，她的性別無法歸類，但她仍是一種性別認同。Hall（1990）談到認同議題時曾提到：認同化（identification）是一種構連（articulation）的過程，一種接縫，超越決定性，而不是一種包容，這種過程彷彿符號的運作機制一般，將主體與論述機制的關係構連起來。「它不是某種本質，而是某個定位。因此，總是有一種認同的政治，即定位的政治，它在毫無疑問的、超驗的『本源法則』（law of origin）中無法獲得任何絕對的保證」（林文琪譯，2004：72）。認同是一種定位的政治，它鬆動本源的穩固思維。竹篙雖是生理女性，可是她在所對應的社會女性認同中無法找到定位，但她也不認同作為一個社會男性，她的性別認同解構了兩性二元對立的模式。Harding（1998）亦表示：「認同既不是一種本質性的、也不是個人特質的想法，認同是一種定位、過程和表現，它總是處於未完成狀態，並且必須在歷史、權力與論述的脈絡中被重複地再創新與設定」（林秀麗譯，2000：184）。性別惑亂（gender trouble）[8]成為一種認同政治的策略，透過性別身體的展演與踐履，撼動了性別二元的本源法則，同時認同亦非穩固不變的，它總是處於未完成的狀態，在所處的論述機制中不斷變換位置。

[8] 「性別惑亂」乃林郁庭（2008）所譯，宋素鳳（2009）譯本則譯為「性別麻煩」。

肆、結語

周美玲的性別三部曲再現了跨性別在地性認同的書寫，將同志身份融入在地的文化處境之中，使同志有一個在地定位的認同。同時，在地性也成為同志身體展演的舞台，周美玲把本土同志電影帶進了華麗的色彩，我們或可說周美玲的同志電影中有種媚俗文化的符碼、是一種俗豔的表演藝術，充斥著通俗亮麗的符號語言，但也建構起一種獨特女導演的美學風格。三部曲中的敘事結構環繞在二元對立的模式：《豔光四射歌舞團》中的生／死、陰／陽，《刺青》中的虛／實、真／假，《漂浪青春》中的男／女。看似凸顯了二元框架，但又似遊走在其中，試圖構築二造之間的可能對話。特別是兩性二元對立的語言中，其能指與所指似乎難以包容遊走在兩性之間的其他性別，他/她們是酷兒、是半男娘、是跨性別、是性別惑亂（麻煩）、是性別越界、是性別他者，周美玲的同志電影使觀者再次反思性別認同的議題，重新思考性別認同與身體展演（踐履）的相互關係。性別游移的意涵有如三部曲中共有的移動痕跡：《豔光四射歌舞團》中五光十色的花車處處行走、《刺青》中城鄉的搬移、與貫穿《漂浪青春》三段敘事的火車行駛，周美玲電影的性別語言正是未完成、且不斷變換位置的蹤跡。

電影文本的能指與所指具有豐富的意涵，然意義的詮釋與理解並不是穩固的，本文僅處理了文本中身體展演與性別認同的研究議題，對於詳述的角色分析、敘事分析、敘事時空或其他符號元素、議題，如語言、儀式、死亡、疾病、歌曲等，尚有待更多研究的關注與深度的對話。

參考書目

〈同志文化 vs 台灣文化：《刺青》導演周美玲和演員楊丞琳〉（2007 年 3 月 15 日）。《破報》，http://www.fridae.com/newsfeatures/2007/05/29/5766.-vs-。

李志薔（製片統籌），周美玲（導演）（2004），艷光四射歌舞團【影片】。（Zero+Hoho Illusion Studio）。

何春蕤編著（2003），《跨性別》。桃園：中央大學性／別研究室。

宋素鳳譯（2009），《性別麻煩——女性主義與身份的顛覆》。上海：上海三聯書店。（原書：Butler, J. [1990]. *Gender trouble: Feminism and the subversion of identity*. NY and London: Routledge.）

林文琪譯（2004），《身體認同：同一與差異》。台北：韋伯文化。（原書 Woodward, K. (Eds.). [1997]. *Identity and difference*. London, California, and New Delhi: Sage.）

林文源譯（2002），《傅科與酷兒理論》。台北：貓頭鷹出版。（原書 Spargo, T. [1999]. *Foucault and queer theory*. Cambridge: Icon Books.）

林秀麗譯（2000），《性與身體的解構》。台北：韋伯文化。（原書：Harding, J. [1998]. *Sex act: Practices femininity and masculinity*. London and Thousand Oaks: Sage.）

林郁庭譯（2008），《性／別惑亂——女性主義與身分顛覆》。台北：國立編譯館、桂冠圖書。（原書：Butler, J. [1990]. *Gender trouble: Feminism and the subversion of identity*. NY and London: Routledge.）

洛楓（2005），〈男身女相，雌雄同體：張國榮的歌衫舞影與媒介論述〉，《媒介擬想》，3：134-146。

徐煒喬（製片），周美玲（導演）（2006），刺青【影片】。（三映電影文化公司、鴻遠影視製作公司）。

陳鯨文（製片），周美玲（導演）（2008），飄浪青春【影片】。（三映電影文化公司）。

Butler, J. (1990). *Gender trouble: Feminism and the subversion of identity*. NY and London: Routledge.

Hall, S. (1990). Cultural identity and diaspora. In J. Rutherford (Eds.). *Identity: Community, culture, difference* (pp.22-27). London: Lawrence and Wishart.

Rubinstein, R. P. (1995). *Dress codes: Meanings and messages in American culture*. Boulder, San Francisco, and Oxford: Westview Press.

Sontag, S. (1983). *A Susan Sontag Reader*. NY: Vintage Books.

國家圖書館出版品預行編目

當代廣電研究：科技、產業與文化 / 世新大學廣播電視電影學系編著.-- 一版. -- 臺北市：世新大學廣電系，2010.06
面； 公分. -- (社會科學類；ZF0021)
BOD 版
ISBN 978-957-8462-89-2 (平裝)

1. 大眾傳播 2. 廣播電視 3. 文集

541.8307 99006766

社會科學類 ZF0021

當代廣電研究：科技、產業與文化

編　　者 / 世新大學廣播電視電影學系
出 版 者 / 世新大學廣播電視電影學系
執行編輯 / 林泰宏
圖文排版 / 黃莉珊
封面設計 / 陳佩蓉
數位轉譯 / 徐真玉　沈裕閔
圖書銷售 / 林怡君
法律顧問 / 毛國樑　律師
印製經銷 / 秀威資訊科技股份有限公司
台北市內湖區瑞光路 583 巷 25 號 1 樓
電話：02-2657-9211　傳真：02-2657-9106
E-mail：servicc@showwe.com.tw
經 銷 商 / 紅螞蟻圖書有限公司
台北市內湖區舊宗路二段 121 巷 28、32 號 4 樓
電話：02-2795-3656　傳真：02-2795-4100
http://www.e-redant.com

2010 年 6 月 BOD 一版
定價：320 元

讀　者　回　函　卡

感謝您購買本書，為提升服務品質，煩請填寫以下問卷，收到您的寶貴意見後，我們會仔細收藏記錄並回贈紀念品，謝謝！

1.您購買的書名：＿＿＿＿＿＿＿＿＿＿＿＿＿＿＿

2.您從何得知本書的消息？

□網路書店　□部落格　□資料庫搜尋　□書訊　□電子報　□書店

□平面媒體　□ 朋友推薦　□網站推薦　□其他＿＿＿＿＿

3.您對本書的評價：(請填代號　1.非常滿意 2.滿意 3.尚可 4.再改進)

封面設計＿＿　版面編排＿＿　內容＿＿　文/譯筆＿＿　價格＿＿

4.讀完書後您覺得：

□很有收獲　□有收獲　□收獲不多　□沒收獲

5.您會推薦本書給朋友嗎？

□會　□不會，為什麼？＿＿＿＿＿＿＿＿＿＿＿＿＿＿＿

6.其他寶貴的意見：＿＿＿＿＿＿＿＿＿＿＿＿＿＿＿＿＿

＿＿＿＿＿＿＿＿＿＿＿＿＿＿＿＿＿＿＿＿＿＿＿＿＿＿

＿＿＿＿＿＿＿＿＿＿＿＿＿＿＿＿＿＿＿＿＿＿＿＿＿＿

＿＿＿＿＿＿＿＿＿＿＿＿＿＿＿＿＿＿＿＿＿＿＿＿＿＿

讀者基本資料

姓名：＿＿＿＿＿＿＿＿＿＿　年齡：＿＿＿　性別：□女　□男

聯絡電話：＿＿＿＿＿＿＿＿　E-mail：＿＿＿＿＿＿＿＿＿＿

地址：＿＿＿＿＿＿＿＿＿＿＿＿＿＿＿＿＿＿＿＿＿＿＿

學歷：□高中(含)以下　□高中　□專科學校　□大學

□研究所(含)以上　□其他＿＿＿＿＿＿＿

職業：□製造業　□金融業　□資訊業　□軍警　□傳播業　□自由業

□服務業　□公務員　□教職　□學生　□其他＿＿＿＿＿

請貼
郵票

To：114

台北市內湖區瑞光路583巷25號1樓

秀威資訊科技股份有限公司 收

寄件人姓名：

寄件人地址：□□□

(請沿線對摺寄回,謝謝!)

秀威與BOD

BOD（Books On Demand）是數位出版的大趨勢，秀威資訊率先運用POD數位印刷設備來生產書籍，並提供作者全程數位出版服務，致使書籍產銷零庫存，知識傳承不絕版，目前已開闢以下書系：

一、BOD 學術著作—專業論述的閱讀延伸
二、BOD 個人著作—分享生命的心路歷程
三、BOD 旅遊著作—個人深度旅遊文學創作
四、BOD 大陸學者—大陸專業學者學術出版
五、POD 獨家經銷—數位產製的代發行書籍

BOD秀威網路書店：www.showwe.com.tw
政府出版品網路書店：www.*gov*books.com.tw

永不絕版的故事・自己寫・永不休止的音符・自己唱